余　霞◎编著

青少年做好课堂笔记的关键

◆内容全面◆方法实用◆深入浅出◆

发现和创造新知识的能力是推动现代社……
终身学习和创造活动，我们的重点必须从……
一种创新性学习能力。上课45分钟，学生只……
测试则只能记住10%。如果记课堂笔记则恰……
幅提升。“好记性不如烂笔头”这句名言正……

U0837462

中国出版集团
现代出版社

图书在版编目（CIP）数据

青少年做好课堂笔记的关键 / 余霞编著 . —北京：现代出版社，2012.4（2021 年 5 月重印）

ISBN 978 – 7 – 5143 – 0551 – 7

Ⅰ . ①青… Ⅱ . ①余… Ⅲ . ①学习方法 – 青年读物 ②学习方法 – 少年读物 Ⅳ . ① G442 – 49

中国版本图书馆 CIP 数据核字（2012）第 041226 号

青少年做好课堂笔记的关键

编　　著	余　霞
责任编辑	陈世忠
出版发行	现代出版社
地　　址	北京市安定门外安华里 504 号
邮政编码	100011
电　　话	010 – 64267325　010 – 64245264（兼传真）
网　　址	www. 1980xd. com
电子信箱	xiandai@ vip. sina. com
印　　刷	三河市人民印务有限公司
开　　本	710mm × 1000mm　1/16
印　　张	13
版　　次	2012 年 4 月第 1 版　2021 年 5 月第 8 次印刷
书　　号	ISBN 978 – 7 – 5143 – 0551 – 7
定　　价	38. 80 元

善学者师逸而功倍（代序）

有这样一则寓言故事：

每天当太阳升起来的时候，非洲大草原上的动物们就活动起来了。狮子妈妈教育自己的小狮子说："孩子，你必须跑得再快一点，再快一点，你要是跑不过最慢的羚羊，你就会活活地饿死。"在另外一个场地上，羚羊妈妈也在教育自己的孩子说："孩子，你必须跑得再快一点，再快一点，如果你不能比跑得最快的狮子还要快，那你就肯定会被它们吃掉。"

动物如此，人也一样。人的一生需要不断进取，如果你不具有持续学习的意识，不积极主动地去改变自己，那么，你必将会被这个时代所淘汰。

我们正身处信息化时代，这无疑对我们在接受、选择、分析、判断、评价、处理信息的能力方面，提出了更高的要求。今天又是一个知识经济的时代，这又要求我们必须紧跟科技发展前沿，不断推陈出新。你将成为一个什么样的人，最终将取决于你对学习的态度。

美国未来学家阿尔文·托夫勒说过："未来的文盲不是不识字的人，而是没有学会怎样学习的人。"罗马俱乐部在《回答未来的挑战》研究报告中指出，学习有两种类型：一种是维持性学习，它的功能在于获得已有的知识、经验，以提高解决当前已经发生问题的能力；另一种是创新性学习，它的功能在于通过学习提高一个人发现、吸收新信息和提出新问题的能力，以处理未来社会日新月异的变化。

要在现代社会竞争中取胜，仅仅抓住眼下时机，适应当前的社会是远远不够的，还必须把握未来发展的时机。因此，发现和创造新知识的能力是引导现代社会发展的关键。为了实现自我目标，我们必须从“学习”走向“学会”，即培养创新性学习能力。

学会怎样学习，比学习什么更重要。学会学习是未来最具价值的能力。“学会学习”，更多的是从学习方法的意义上说的，即有一个“善学”与“不善学”的问题。“不善学，虽勤而功半”；“善学者，师逸而功倍”。善于学习、学习得法与不善于学习、学习不得法会导致两种不同的学习效果。所以，掌握正确的学习方法显得更为重要。

学习的方法林林总总，不胜枚举，本丛书从不同角度对它们进行了阐述。这些方法既有对学习态度上的要求，又有对学习重点的掌握；既有对学习内容的把握，又有对学习习惯的培养；既有对学习时间的安排，又有对学习进度的控制；既有对学习环节的掌控，又有对学习能力的培养等等。本丛书理论结合实际，内容颇具有说服力，方法易学易行，非常适合广大在校学生学习。

掌握了正确的方法，如同登上了学习快车，在学习中就可以融会贯通、举一反三，从而大幅度提高学习效率，在各学科的学习中取得明显的进步。

热切期望广大青少年朋友阅读本丛书后，学习成绩、学习能力都有所提高。

本丛书编委会

前 言

当前，“学会学习，面向未来”正在逐渐成为每位同学们的行动目标，也日益成为当代教育的精髓所在。对于我们广大中小学生而言，无论是当下的学习成绩与人生志趣，还是未来的生存质量与发展水平，都在很大程度上取决于我们能不能“学会”学习。

那么，怎样来评估我们自己有没有“学会”学习呢？教育心理学专家为我们提供了三条衡量指标：

第一条指标：学习目标是否达到

——任何本领、任何学问或任何学科，都是由一系列概念、事实、法则和理论所组成的知识体系，学会学习就是指理解和掌握了这项本领、这门学问或这个学科的重要的知识体系。

第二条指标：学习方法是否获得

——任何本领、任何学问或任何学科，都有着相应的学习方法，例如数学学习法、化学学习法、外语学习法等等，它们虽有联系却又各不相同，学会学习必须是理解和掌握这项本领、这门学问或这个学科的基本的学习方法。

第三条指标：学习策略是否形成

——即当日后的工作和生活需要我们进一步钻研这项本领、这门学问或这个学科的时候，我们能不能灵活运用已有的学习方法去理解和掌握那些未知的新知识、新技能和新理念。

上述三条指标中，最后一条是最重要的。为什么说是否形成学习策略，对于鉴别是否学会学习最为重要呢？因为学习策略是指学习者为了达成学习目标而采用的一系列有效学习的规则、方法、技巧及其运用的智慧[①]。学习策略既是内隐于头脑中的智慧，又是外显于行为上的具体的操作规则、方法与技巧，它在整个学习过程中发挥出综合管理或调节控制的作用，它决定着我们的学习活动是成功还是失败。

当今世界，学习策略备受关注，学习策略训练已经成为学生群体的共同需求，学习策略辅导也正在成为学校教育的重要内容之一。例如，美国等西方国家不仅在学科教学中渗透学习策略训练与辅导，而且已经开发并实施了专门的学习策略训练与辅导课程，形成了课程化、多元化、系统化和普及化的发展格局[②]。在我们的中小学教育中，学习策略的训练和辅导也势在必行。

学习策略的训练与辅导往往是分门别类地进行的。其中笔记策略作为一种重要的学习策略，顺理成章地受到高度关注。本书专门探讨中小学生的笔记方法及其训练与辅导，以便帮助中小学生更加快捷地掌握笔记方法，帮助各科教师更加科学地辅导笔记策略，也为基础教育更加有效地帮助学生学会学习。

一、从本书中，我们可以学到些什么

从这本书中，我们可以接触到：

---

① 樊琪、朱蕾，《中学生笔记策略的干预研究》，《心理科学》，2007，30（6）。

② 樊琪，《中美学习策略辅导的比较》，《外国中小学教育》，2008，第11期。

（一）有关笔记和笔记方法的丰富知识

——原来小小的笔记中也有很多的学问，还有很多的方法。掌握了各种各样的笔记方法，不仅可以在学习中大显神通，而且可以训练我们的思维，为将来的人生发展提供帮助。

（二）有关笔记方法的操作技能

——原来做笔记有着许多窍门，而且其中的大多数对于我们来说并不难。只要我们认真地学、认真地练，就一定能够掌握！

（三）有关笔记方法和学习策略的理念

——原来学会学习不仅指达到学习目标，而且要掌握学习方法，更要形成学习策略。我们只有多掌握一些学习方法，例如做笔记的方法，这样才能在需要的时候对这些方法灵活运用，做好“有米之炊”！

二、为什么要进行笔记方法的训练

首先，因为笔记方法是最基本的学习方法，它对我们中小学生学习各门功课都非常有用。

其次，也因为笔记方法不是与生俱来的，而是后天形成的。后天的自我探索和系统训练都对笔记方法的形成有帮助，但是基于科学理论的系统训练要比自我探索更加快速、更加高效。

再者，我们中小学生完全有能力掌握各种各样的学习方法，并且加以灵活运用。虽然我们总是忙于学习各种各样的东西，但俗话说得好，“磨刀不误砍柴工”，学会做笔记，在现阶段无疑可以帮助我们减轻记忆负担、提高学习效率，在将来当我们面临更为复杂的人生课题时，它还可以帮助我们理清思路、逻辑推理，分清主次轻重，用自己的智慧来战胜困难。

三、我们怎样来利用这本书

这是一本帮助我们掌握笔记方法的训练手册。亲爱的同学在使用这本小册子的时候，要善于反复揣摩，而不要急于求成。从教育心理学的角度，作者建议读者读一读、想一想、练一练。所谓读一读，即分段阅读。比方说，读一节，停一停，不要囫囵吞枣。停下来做什么呢？思考！想一想书中所说的道理自己是否明白，特别是书中所列举的各种笔记方法自己是否知道？可曾运用？效果怎样？能否接受或改进？思考过后一定要实践！我们可以结合自己某一门或某两门课程的学习，练一练这些笔记方法，看看它们能不能提高我们的学习效率，让我们来享受学习的乐趣和生活的缤纷多彩。

总而言之，亲爱的同学，请把这本书当做你的朋友和你的学友，让它陪伴你去探索笔记方法和学习策略。

愿你开卷有益！

编者

目 录

第一章　浅说笔记策略

亲爱的同学，你有上课做笔记的习惯吗？你阅读课外书时，会写读书笔记吗？你与老师、同学讨论过疑难问题之后，会把自己的心得记下来吗？在我们的学习过程中，课堂笔记、阅读笔记、讨论笔记，对我们都是很重要的，能够很大程度上帮助我们提高学习成绩。

第一节　笔记小常识

一、什么是笔记

同学们，你们有上课做笔记的习惯吗？你们喜欢做笔记吗？你们知道怎么才能有效地做笔记吗？那么，在回答这些问题之前，我们需要先明白一个问题：什么是笔记呢？

笔记，就是我们在学习活动中所记下的重要知识点、疑难点和学习心得体会等。做笔记，就是在学习活动中，记下这些重要知识点、疑难点和心得体会的过程。学习活动，主要指课前预习、上课听讲、课后复习、课外阅读及与老师同学的讨论。

做好课堂笔记，对所学内容进行适当的记录，可以促进我们的记忆和思考，从而有利于我们发现和建立新旧知识之间的内在联系，加深我们对知识的理解。

二、笔记有哪些分类

说到笔记的分类，不同的人有不同的看法。有的人依据科目类别进行划分，如语文笔记、数学笔记、英语笔记等；有的人依据文理学科性质进行划分，如文科笔记和理科笔记；还有的人依据课程重要性程度进行划分，如主科笔记和副科笔记。在这里，我们依据笔记的来源将笔记分为课堂笔记、阅读笔记和讨论笔记。

课堂笔记是我们在上课听讲过程中所做的笔记，主要记的是预习中遇到的一些疑难点、老师讲到的重要知识点及自己的心得体会。课堂笔记能够帮助我们迅速把握所学内容的知识框架，掌握重要知识点，为复习提供重要参考。此外，它还有助于我们在课堂上集中注意力，提高学习效率。

阅读笔记是指我们在课外阅读中所做的笔记。我们可以把一些优美的句子、段落、经典例题、有趣的科普知识，还有自己的灵感等记录下来，一方面，这可以提高我们的阅读效率，另一方面，还可以提高我们的思维概括能力，开阔我们的视野。

讨论笔记是把与老师、同学等就某一问题所进行的讨论内容记录下来，以此形成的笔记。我们在学习中肯定会遇到这样那样的困难或疑惑，那么，我们需要与我们的老师、同学进行讨论，等彻底搞明白之后，就应该把讨论内容或自己的心得体会记录下来，并不断地翻阅。此外，可能在某些情况下，我们对某一领域的内容非常不熟悉，以至于很难提出问题与别人进行讨论，那么，我们可以认真倾听别人的讨论内容，并详细地记录下来，这也是一个很重要的学习过程。

三、小笔记大用途

同学们，我们都知道，上课认真听讲是很重要的，那么，与听讲并行的笔记，你们知道它有什么作用吗？它对我们的学习有什么样帮助呢？我们下面就来了解一些小小笔记的大用途。

（1）笔记能够帮助我们迅速地明确所学的重点内容。在我们后面的章节中，我们将会讲到，笔记要记的重点内容是老师所讲的重点、疑难点、课文的体系结构、解题思路和自己的心得体会，这些内容能够帮助我们在短时间之内把握课本知识的核心，有利于提高我们的课堂学习效率。

（2）笔记能够为我们的复习提供重要参考和依据，提高复习效率。有研究发现，如果考试内容在笔记里面出现过，那么与那些在笔记里面没有的内容相比，学生的考试成绩会高出两倍多。

（3）笔记能够帮助我们对所学内容进行合理的再组织，把握知识之间的内在联系，从而形成自己的独特的知识结构。

（4）课堂上在听讲的同时做好笔记，有利于提高我们的课堂注意力，将我们的精力集中于正在学习的知识，提高学习效率。

（5）笔记可以培养我们的成就感，提高学习的兴趣和增加信息。定期在班内举行笔记比赛，并展览那些优秀的笔记，有利于培养学习的成就感和自信心。

（6）坚持做笔记，可以培养我们的意志力，提高我们思维的逻辑性和条理性，有利于培养优良的个性品质。

第二节　笔记面面观

一、中小学生说笔记

同学们，在第一节，我们已经知道了什么是笔记，笔记有哪些类型，笔记对我们的作用，那么，在我们具体地学习如何有效地做笔记之前，我们先来看一下，同学们在做笔记过程中的困惑、心得及看法：

“我目前正上高二，因为平常上的科目比较多，时间紧，学习任务重，而且我本人是那种顾了东顾不了西的。所以常常把笔记记得乱七八糟的，我自己也很苦恼。”

“我认为，上课首先要认真听，然后把自己认为是重点的记下来，笔记是为听讲服务的。一定不能因为保证笔记记全了而漏掉老师讲的重要的话。”

“如果我有时间预习的话，那我就会把预习时发现的问题和最后的结果记录下来。如果我没有时间预习，那就把老师在课堂上的例题，以及着重强调的书上没有的部分记录下来，或者是自己对书上某处颇有感触的地方记录下来。”

“做笔记只是次要的，重要的是上课要认真听，课后再找同学的笔记借鉴一下，我觉得这种方法比较好。”

“我认为，课后的笔记整理是很重要的。如果只是一味地把老师讲的东西记下来，没有一点儿自己的加工，那么这种笔记对学习的效果是不大的。我如果在做课堂笔记时有什么遗漏，那么我会找同学讨论，然后把遗漏的知识点记下来。此外，我也会把学习中的一些心得体会写到笔记本上。”

“笔记本的格式很重要，因为如果你在课堂上把笔记本上的每一页都写得满满的，那么，当你在课下有些想法或灵感时，你就没地方写了。我曾经看过一篇文章，上面说，较理想的格式是，每页上下左右都要留出一定的空白来。最好把笔记的一页用一条竖线格式分为两部分。其中左面占2/3，右面占1/3。左面用于做课堂笔记，右面用来提示值得注意的地方、强调重点等，也可以随时加上自己的理解、疑问、心得体会或者补充相关资料。值得注意的是，两栏内容之间要有对应，即老师讲的和自己想的针对相同章节的内容应在相同的行上，这样便于对照复习。在我自己的学习过程中，我们也在按照这种方式做笔记，效果很不错。以后我做笔记还要这么做。”

“我只做主科的笔记，语文会记一些易错的词、常见病句，以及一些优美的句子等。数学主要记课上的经典例题、解题思路、学习心得和考试中出错的题目。英语主要记课堂上老师讲的词汇用法、语法、常用连接词及考试中出错的题目。对于副科，我主要把一些笔记记在课本上。”

“我不太喜欢做笔记，但我们的英语老师要求我们必须做笔记，还会不定期检查，于是，我不得不做笔记。对于其他老师要求不严的科目，我就不怎么做笔记了。因为我觉得做笔记太浪费课堂时间了。”

“我做笔记主要凭兴趣和心情，如果我心情不错，或者上我喜欢的英语课时，我就会做课堂笔记。如果心情不好，或者上其他科目时，我就不大做课堂笔记。”

“我觉得笔记对我的学习帮助很大，我会把老师讲的重要知识点、自己的疑难问题、学习的心得体会、易错题等记在笔记本上。每次考试之前，我都会很认真地翻阅笔记。”

“我觉得写日记是对语文课堂笔记的补充，它不仅可以记录我的所思所想，还能够提高我的写作能力。”

“在笔记中要把那些出错的题目记下来，或者单独备一个错题集。平常要经常翻看，仔细分析出错的原因，争取以后避免类似的错误。”

“我上课时经常埋头做笔记，可是经常由于忙于记而没有听到老师讲的东西。我很难处理好‘听’和‘记’的关系。”

“我写字比较慢，有时正在认真记，可一抬头，老师已经把刚写的东西擦掉了。”

“有时为了提高做笔记的速度，我会自创一些符号或缩写语，比如：eg（例子）、社义（社会主义）等。”

好，同学们，以上这些是一部分被采访的同学对笔记的看法，那么，你对笔记的看法是什么呢？你的观点与他们有什么异同呢？

二、学习高手说笔记

同学们，我们知道，做好学习笔记，对我们的学习是非常重要的。但是，如何做好笔记，这也是一门大学问。下面，我们来看一下一些学习高手做笔记的方法和心得体会，希望我们能够从中有些收获和感悟：

在高考复习中，对语文考试要研究题型，对症下药，各个击破。基础题考查平日积累，为此可以准备一个知识本，记录常考的字词。汉字的音形义有着密不可分的关系，可以放在一起考查，注音释义以语文教材、权威词典为准，不要盲目迷信教辅书。对于容易混淆的多音字、形近字，要及时归纳，集中记忆，方可事半功倍。文言字、词要注意其特有的用法，多归纳实词意义、虚词用法、古今异义、字词活用、特殊句式，形成知识储备。

成语要结合相关典籍中的原句或涉及的典故进行记忆，牢记其中关键字的意义，把成语还原到文言语境中去理解，才不会望文生义。在知识本里归纳常见病句、常见标点，掌握相关题型的设题方法，可以知己知彼。为了规范使用中文，课余可订阅《咬文嚼字》等优秀刊物，认真阅读，勤做笔记，积累语文基础知识，拓展文化视野。

——某文科状元

在高考冲刺时，历史要进行笔记，这是必不可少的。历史知识点繁杂，如果单靠阅读教材，不但费时，而且记忆效果也不理想，所以要进行笔记。笔记要记两次，上课时对老师的讲解和板书进行笔记，课后要整理笔记，在整理的过程中，又是一次对所学知识的巩固复习。

——某文科状元

不要马虎，数学考试中经常听到同学抱怨说：“这道以前错过的题目怎么又做错了！”为了防止犯低级错误，我的做法是时刻提醒自己要小心。

我经常在考试前在草稿纸或者本子上写上自己平时容易犯的错误，比如一定要记得函数的定义域之类的，考试时不停地提醒自己不要犯此类错误，这样效果很好。

——某理科状元

文科生学习要有效率，课堂上要会做笔记，善于总结。笔记是自己亲手整理的，适合每个人自己的特点，也是最好的复习资料。在数学上，笔记要记老师上课的概念和易错点，这些看似不起眼却很重要。在看笔记时可根据老师总结的方法，发挥联想，找到更多更好的解题方法。

现在，许多高中生都在积累"错题本"，有的把各种错题都记在本子上。我建议只把一些经典的错题记在"错题本"上，一些平时易犯的错误则可写成小卡片，放在显眼的地方，自己经常反复看，等到记住后就把它扔掉。这样，能避免高考复习时翻起厚厚"错题本"，心里感到发慌。

语文笔记，要记下老师分析文章的方法和解题经验，还有零碎的细小知识，如错别字等，以便将来集中复习。英语笔记要注重老师所讲到的词汇和句型。

在文综方面，历史和政治笔记要积累老师讲的易错点、易混点，以及答题思路和专业的答题语言。地理笔记要记住老师讲的概念和难点，特别是人文地理，课后要自己梳理知识。另外，学生可用不同颜色的笔，记录不同方面的内容，方便复习时进行区分。

——某文科状元

同学们，以上这些是学习高手的一些经验和体会，那么，看过他们的经验，你有没有一些收获呢？他们的经验对于你形成自己独特的笔记，有没有什么启发意义呢？

三、资深教师说笔记

同学们，前面我们已经了解了中小学生对笔记的看法以及学习高手对笔记的看法，那么，我们的老师对笔记有什么看法呢？我们采访了一些在教学方面很有成就的老师，下面我们来看一下这些资深教师对笔记的看法：

“我想以小猴子掰玉米的故事来说明。一只小猴子在一大片玉米地里掰玉米，掰了一棒拿在手里，第二棒拿在另一只手里，但是，到第三棒时，只能扔掉手里的一只玉米来掰，想要第四棒时，还得扔掉一只才能空出手来掰，就这样一直下去……到玉米地的终点时，它手里还是只有两个玉米。这个故事说明什么呢，先前学习的东西如果不以合适的形式记录下来，除非你有过目不忘的本领，那么，到学期末时，你能记下的东西就寥寥无几了。所以我们同学在平常的学习中，不仅要及时复习，还要认真做好课堂笔记，为我们的复习提供参考。”

“要把工夫用在平时。做笔记也是一样，在平常的学习中，上课认真做笔记，下课及时整理，有什么疑问要随时与老师、同学讨论。平常还要及时翻阅，而不能记过就扔。”

“我会组织我们班里的同学进行笔记的竞赛，每过一段时间，就会抽查学生的笔记，看谁的笔记整洁、有条理，然后选出一些不错的笔记在班里传阅。还会让笔记做得很好的同学介绍他们的经验和体会。很快，我们班全体同学做笔记的积极性都调动起来了，学习成绩有了整体的提高。”

“我们都知道一句话：好记性不如烂笔头。有些东西可能在课堂上记得很不错了，但是过了一天再一提问，早就忘得没影了。即便是让他们看着书回答，但是由于没有做课堂笔记，他们也很难在短时间内把重点内容和一些核心的东西提取出来。如果做好课堂笔记的话，课后稍加整理和复习，就能很好地想起来。”

“如果把老师写的东西都记下来，那么这不是一个很好的笔记。那些课本上已经很清晰地写出来的知识，没有必要再重抄下来，在课本上划一下就可以了。另外，学习过程中的灵感、体会和收获也要及时地记录下来，这对我们的学习有很大的帮助。”

“语文的知识点很零散，其成绩提高很慢，重在平时的积累。那么，一个笔记本就很必要了。要记下每节课学习到的字、词，平常阅读中遇到的优美句子或段落，考试中常见的病句，课外读物的读后感和体会等。如果没有一个系统的积累，东记一点，西记一点，那么，语文成绩是很难提高的。”

“因为课堂上时间有限，学生既要认真听讲又要做笔记，所以，要了解一些提高书写速度的方法，如速记或缩写符号等。当然，最重要的是，自己要能够看懂。”

“笔记贵在坚持。三天打鱼，两天晒网。想记就记，不想记就算了，这种做法是很不可取的。到你复习时，这章知识记得很清晰、很有条理、那章知识几乎没有，那么，这肯定会增加复习的难度。”

“学习贵在合作。做笔记也是。如果老师讲的东西或书写的重要知识点比较多，那么，你可以与临近的同学进行分工，你记这部分，他记那部分，课下再相互补充，那么，速度和效率就会大大提高。”

同学们，上面这些是我们的老师对笔记的看法，那么，你读了之后，有没有一些收获和想法呢？

四、心理学家说笔记

同学们，我们的老师总是要求我们做笔记，学习高手介绍经验时也会说到笔记，我们也不断意识到笔记的重要性，有些同学也会抱怨笔记乱七八糟，那么，笔记背后的心理学原理是什么呢？做笔记有没有一定的心理学依据呢？我们采访了一些心理学家，下面来看一下他们的看法：

“情绪对我们正在进行的任务有很大的影响。当我们以一种积极的、乐观的情绪工作时，工作效率会比平时高出好多倍，不仅速度大大提高，而且质量很不错。相反，如果我们以一种消极的、低落的情绪工作时，不仅仅会大大降低工作效率，甚至还会造成一些事故。因此，我们的同学在学习时，课前要调整好自己的情绪，这样才能提高听课的效果，提高笔记的速度和质量。我们可以采取深呼吸、想象等自我放松的方法，调节自己紧张的情绪。此外，我们有什么困惑或者想法，可以找我们的同学、老师，甚至以日记的方式来倾诉，把自己的思想包袱放下，轻轻松松地进入高效的学习状态，以一种愉悦的心情来做笔记。”

“我们每个人对每一个对象的注意力总是有限的。即便是一些很有趣的课程，同学们上课时间长的话，也会出现注意力的分散和转移。做笔记可以把我们的注意力集中于正在记的内容上，延长注意力集中时间，提高听课效果。”

“遗忘，从我们开始学习的那一刻就开始了。‘艾滨浩斯遗忘曲线’告诉我们，学习过后如果不加以及时的复习，那么我们将很快忘记学习材料。遗忘先快后慢，先多后少。如果我们在课堂上不做笔记，那么在课后的复习中将缺乏有效的参考资料，因为仅仅依据教材，我们很难在短时间内把握出重点、难点和知识框架。”

“如果我们花费了很大心思，很认真地做了课外阅读，那么，做些适当的阅读笔记，对于提高我们的概括能力、逻辑思维能力，将有事半功倍的效果。如果我们没有把跟老师、同学讨论的那些疑难问题及体会记下来，那么，这些闪光点、灵感将很快消失，以后再遇到此类型的问题，还会觉得无从下手。”

“简明而有效的课堂笔记，能够促进我们联想和想象能力的发展。在复习中，我们从那些简明扼要的笔记中，跟我们学的具体的知识联系起来，在头脑中形成自己的知识框架，甚至能够举一反三，这对提高我们的学习效率有大大的促进作用。”

“对笔记怀有恰当的期望，相信可以通过自己的努力，能够做出令人满意的笔记。多关注笔记，多与别人交流做笔记的经验。”

……

同学们，既然笔记背后有这么多的心理学规律，那么我们就更应该重视笔记，认真做好笔记，从而提高我们的学习效率。

第二章　我的笔记我做主

同学们，你们一定常听到老师和家长说过这样一句话："好记性不如烂笔头。"这句话的意思是说，课堂上不仅要认真听讲，还要把老师讲的重要知识点记下来；不仅要主动地进行课外阅读来扩大自己的知识面，还要做阅读笔记。那么，做笔记具体要有哪些方面的准备，如何做课堂笔记和阅读笔记，则是我们这一章中所要介绍的知识。

第一节　笔记前奏曲

一、心理的准备

亲爱的同学，笔记能有效地帮助我们将教材的知识点具体化、系统化，有利于我们在头脑中形成自己的知识体系，也有利于我们的课后复习，提高我们的学习效率。因此，做好课堂笔记对我们很重要，但是，如果没有一些良好的心理准备，不管情绪的好坏，只是盲目地把上课时讲的知识点记下来，不管学习效果，这对我们是很有害的。那么，做好课堂笔记，需要哪些方面的心理准备呢？

（一）保持良好的情绪

可能我们每个人都曾经有过这样的体会，如果我们心情不愉快，大脑就会处于抑制状态，就很难专心学习，也很难收到良好的学习效果。如果我们精神饱满而且情绪高涨，那么在学习知识时就会感到很轻松，学得也很快。做笔记也是这样，如果我们怀着愉悦的心情做笔记，不仅会提高我们做笔记的速度，还可以让我们在短时间内记住所记下的知识点，这对我们的学习，尤其在什么事情都讲究效率的今天，是非常重要的。

因此，在课前，我们应该调整自己的情绪，使自己在上课和做笔记时保持良好的情绪状态。那么，怎样才能有效地调整自己的情绪呢？最有效、也是最简单的方法就是排除干扰，自我放松。

干扰不仅包括外在的干扰，如教室的温度、光线，同学们的吵闹等，还包括内在的干扰，如情绪低落、胡思乱想等。随着上课铃声的响起，同学们会停止吵闹，我们也可以在一个安静的环境中学习。随着我们对教室温度、光线等的适应，这些外在因素对我们上课时做笔记的影响会逐渐降低。

但是，对于情绪状态、注意力等内在因素，则需要同学们通过自己的努力，达到一个理想的状态。我们可能会由于跟别的同学发生一些矛盾，影响了我们的心情，所以，可能会影响我们的听课效率，做笔记的效率。因此，在上课之前，我们应该换位思考一下，自己是不是错怪了同学，如果是，那么就应该主动向同学道歉。如果是别人误会了自己，我们可以很真诚地对同学说出我们的想法，认真地与同学进行交流。

这样，一方面，我们获得了一份纯真的友谊。另一方面，我们也可以毫无杂念、心情愉快地学习，提高我们听课效率，提高做笔记的效率，从而提高我们的学习效率。

有时，我们也可能是因为长时间地在教室里坐着，身体觉得比较累，从而心情也跟着低落起来。那么，课间休息时，我们就不能继续坐在教室里了，而要跟同学一起去操场锻炼身体，或者做一些课间游戏。这样，我们不仅锻炼了身体，还能够以一种轻松的心情进入下一堂课。

在这里，还可以给同学们提供一些简单的放松方法：深呼吸法、想象法、转移注意力法等。

深呼吸法：长长地吸一口气进来，再长长地呼出去，如此反复，可以帮同学们缓解紧张情绪。

想象法：闭上眼睛，想象着自己正静静地躺在一片广阔的草原上，蓝蓝的天上有些形状各异的白云。此外，同学们也可以想象其他一些自己很喜爱的情景。

转移注意力法：我们把目前正在思考、困惑的问题暂且放在一边，把注意力集中在其他的一些事情上，比如轻轻地唱一些歌，画一些自己喜爱的图画，或者遥望蓝蓝的天空几分钟。

这些放松方法都比较简单易于操作，而且需要时间短，有益于同学们放松心情，提高上课的效率，同学们不妨试一下。

我们在日常生活中，应当有较为开朗的心境，不要过多地去想那些不顺心的事，而且我们要以一种热情向上的乐观生活态度去对待周围的人和事，因为这样无论对别人还是对自己都是很有好处的。这样，我们就能在自己的周围营造一个十分轻松的氛围，学习起来也就感到格外地有精神。

（二）自信

自信是一个成功者应该具备的基本素质。一个人只有自信，才能无所畏惧地克服困难，达到自己的目标。我们上课做笔记也是一样，我们要相信自己能够做出很漂亮的、自己很满意的笔记，相信通过自己的努力，我们能够在认真听讲的前提下，把上课所学的重要知识点记下来，以便为自己课后的复习提供方便。

（三）疑问的心态

同学们，我们都知道，上课需要课前预习。关于如何预习，我们会在后面的内容中讲到，我们这里要说的就是预习，不是走马观花地把课本看一下就算完事，而是其中的疑问点，找出自己难于理解的知识点，带着疑问的心态来上课。在课堂上，当老师讲到这些疑问点时，我们不但要认真听讲，还应及时地、认真地记下来，以防我们课后遗忘。

（四）培养意志力，坚持做笔记

我们都听过小花猫“三天打鱼，两天晒网”的故事。那么，我们在平常的学习中有没有这方面的问题呢？我们是不是心情愉快时就认真地做笔记，自己一不高兴，就敷衍了事，到最后复习时，才发现自己的笔记忽多忽少呢？

养成做笔记的习惯，可以帮助我们克服“眼高手低”的坏毛病，帮助我们形成严谨的学风，帮助我们课后复习，进一步巩固知识，从而提高学习效果。因此，我们要有意识地培养自己的意志力，无论情绪的好坏，坚持做笔记，这样，当我们在考试时，就会发现，思路清晰而又完整的笔记，能够起到事半功倍的复习效果。

此外，同学们可以在课下开展笔记竞赛的活动，看看哪些同学做的笔记既漂亮又完整，相信那些做得很优秀的同学肯定会有小小的成就感，那些不是太认真的同学也会暗暗加油，在以后的课堂中认真做笔记。

二、材料的准备

作为一名学生，做课堂笔记伴随着学习的整个过程。它可以帮助我们理清听课的思路、抓住听课的重点，并且为日后复习提供方便，更重要的是，它能使我们在学习时高度集中注意力，深入理解教师所讲的内容，从而提高学习效率。因此，我们要重视课堂笔记，认真做好一些材料的准备工作。那么，我们应该准备哪些材料呢？

（一）笔记本

1. 在课本上做笔记，还是在专用笔记本上做笔记？

我们的课堂笔记应该记在哪些地方呢？很多同学干脆直接记在课本上，也有一些同学记在笔记本上。事实上，我们应该根据实际情况，可记在课本上，也可记在专用的笔记本上，但多数情况下是两方面兼而有之。

对老师板书的较为完整的、文字量比较多的内容，如课文结构图、人物及情节分析等，可记在笔记本上，使之一目了然；对字、词、句的分析，课文的段落层次以及有争议的地方，学习中的疑难问题等，可直接记在书中与之相应的地方，这样既省时，又方便复习。因此，用笔记本结合书本的方式效果是比较好的。

2. 是不是要把不同学科的笔记分开？

有的同学做笔记非常随意，上午语文课用这个笔记本，下午英语课又随手拿起了这个本，到最后发现，一本笔记本上语文、数学、英语等各科科目应有尽有，笔记记得乱七八糟，到复习时东翻西找，影响了学习效率。因此，各科笔记要分开，因为每一科的知识本来就很多，记在一起就显得杂乱无章了。笔记本要选一个较厚的、硬皮的，并且要好好保存，以备复习时用。

3. 错题本要和课堂笔记本分开吗？

错题本不一定要和课堂笔记分开，因为分开的话每科都有好几个本子，到时候找本子整理本子还是件麻烦事。建议同学们最好把各科的笔记和错题记到一个本上，具体就是上课时将知识点记在笔记本上，一般情况下，老师在讲完一节新课后，都会有练习题让同学们做，我们可以将这些练习题中的错题直接整理到课堂笔记后面就行了。对于阶段性考试中出现的错题，我们在笔记本中专设一定的区域来记下这些错题，以表明其重要性。

（二）圆珠笔、彩笔、铅笔、钢笔、便利贴及草稿纸等

笔是我们上课必不可少的工具。我们需要用笔记下我们所学知识点，写下我们的疑问，写出我们的思考方法和过程。因此，笔是我们做笔记的必需材料。

铅笔、圆珠笔、钢笔均可以做笔记，但比较而言，铅笔记下的内容会逐渐变得模糊，不清晰；钢笔会因为墨水的原因，而有可能出现小团的墨迹，或者不小心遇水，所有的字体混在了一起，显得杂乱不堪。圆珠笔最好，不但用得长久，而且好的圆珠笔书写速度快，下笔流畅。

两种或多种颜色的彩笔，也是必要的。我们可以通过不同的颜色，区分不同的内容，来突出重点、难点、疑问点等，这样，当我们复习笔记

时，就可以迅速地了解知识点的重点内容，就可以有针对性地查漏补缺，提高复习的效率。此外，在笔记中偶尔穿插一些彩色标志，也是一种视觉的享受。

由于课堂时间有限，我们赶着做笔记时，常常会写错一些东西，这时，我们可以利用便利帖，及时加以纠正。在课堂上，尤其是数学、物理、化学等课程的课堂上，我们需要经常的练习、演算等，因此，草稿纸也是必需的。

（三）录音笔、U 盘、数码相机和手机等

随着现代科学技术的发展和计算机的普及，为了提高课堂效率，给同学们提供更多的信息和资料，课堂中越来越多地使用课件。这确实大大提高了我们学习的速度，但是，由于同学们的注意力有限，课堂时间有限，而老师提供的信息又很多，我们可能会不能够及时地做笔记。因此，我们需要适当地把老师的讲课录下来，把老师的课件资料拷贝下来，以便于课后的整理和复习。

录音笔可以把老师上课时如何分析知识点的过程录下来，这样，当我们课后有什么不明白时，可以选择性地重听一下。我们也可以用 U 盘、数码相机，以及一些带有摄像功能的手机把课件的内容拷下来或拍摄下来，以便于对材料进行选择性的分析和整理。

同学们需要注意的是，如果要对老师的课件或讲课资料进行录音、拍照或拷贝时，需要事先征得老师的同意。一方面，老师会觉得自己的劳动成果得到了尊重，另一方面，这也体现了我们懂礼貌、尊重他人的优良品质。

此外，不管是复印老师的课件，还是把老师的讲课过程录下来，都需要自己进行再整理，这是一个非常重要的学习过程。常言道，“好记性不如烂笔头”、“写一遍等于背十遍”，自己动手整理笔记，不仅能够积累材料、丰富知识和开阔眼界，而且手脑并用有利于加强记忆，提高学习和复习的效果。

三、知识的准备

亲爱的同学，我们要想提高课堂笔记的效率，除了做好必要的情绪调节、怀着必定能做好笔记的信心等心理准备，纸、笔等材料准备之外，还要有一定的知识准备，那就是对上一节课所学知识的复习和对将要学习内容的预习。

（一）认真复习上节课所学知识

课本知识都是前后联系的，前面内容是后面内容的基础，后面内容是前面内容的扩展。要想完整地把握课堂知识结构，必须先掌握好原先所学内容，因此，我们要认真复习上节课所学知识。

认真复习上节课所学知识，一方面，可以帮助我们增强对所学知识的记忆效果，另一方面，也为我们将要学习的新知识打好基础。在翻开课本之前，我们可以先在头脑中回忆一下上节课学过的重要知识点及其体系结构，然后查漏补缺，对那些忘记的或者难以提取的知识点有针对性地复习，提高记忆效果。

（二）努力做好新内容的预习

预习，简言之就是上课前的自学，也就是在老师讲课前自己先独立学习新课内容，使自己对新课有一个初步理解和掌握的过程。预习抓得扎实，可以大大提高学习效率。

课前预习对于做课堂笔记是非常重要的。因为仅仅通过课堂上的时间，让大家分清重点难点、知识网络和思想方法是不容易的，何况还要迅速地记下来。通过预习，能让我们先对知识网络和重点、难点有大致了解，特别是哪些地方还有疑问，先掌握部分知识，形成一个课堂笔记的框架，这样在课堂上就能充分发挥自己的主动性，能有效地解决“听”与“记”的矛盾。

我国古代军事家孙子有一句名言：“知己知彼，百战不殆。”这是指对自己和自己的对手有了充分的了解之后，才可能有充分的准备，也才可能克敌制胜。预习就是“知己知彼”的准备工作，就好像赛跑的枪声。虽然赛跑规则中不允许抢跑，但是在学习中却没有这一规定，不但允许抢跑，而且鼓励抢跑。做好预习学习，就是要抢在时间的前面，使学习由被动变为主动。

托尔斯泰说过：“知识只有当它靠积极思维得来的时候，才是真正的知识。”我们要想掌握好课堂上将要学习的知识，就要认真做好准备工作，养成主动预习的好习惯，并在预习的过程中开动脑筋，认真思考。

我们在预习过程中，要边看、边想、边写，还要在书上适当勾画和写点批注。对于文科类知识的预习，我们概要性地阅读即可。当我们要读一本书或一段文章时，你必须借助标题和副标题知道大概内容，还要抓住开头、结尾及段落中承上启下的句子。这样一来，课本上讲的内容、重点大致在心里有个谱了，听起课来就比较有针对性，就有了一个比较明确的目标，有利于进一步学习。

对于理科类知识的预习，我们先要做到初步理解教材的基本内容和思路，这样就容易把握住老师讲课的思路、条理；然后要找出重点、难点和不理解的问题，并把它们在笔记本或课本的旁白处记下来，这样一方面在上课的时候我们可以带着问题听课，将注意力集中在这些不明白的问题上面，从而提高我们的听课效率；另一方面，这还可以使我们注意到老师讲课时援引的事例和对课文做的补充说明，从而加深对课文的理解，扩大我们的知识面。因此，我们可以把预习笔记作为课堂笔记的基础。

此外，看完书后，最好我们能合上课本，独立回忆一遍，或者找课本后面的一些习题练习一下，及时检查预习的效果，以强化记忆。

“预则立，不预则废。”通过预习，我们可以把握住教师课堂上要讲授的重点、难点、疑点，以及自己可能有的知识盲点，进而在课堂上有选择地对这些内容加以记录。课前预习有助于我们扫除听课中的知识障碍，增强听课效果，提高课堂笔记水平和形成自学能力。因此，我们要做好课堂笔记。

第二节　课堂笔记全攻略

一、课堂笔记的原则

同学们，如果我们能够认真地做好课堂笔记，那么，我们就可以更容易明确课文的重点，更容易对学习材料进行组织，建立材料间的内在关系，也更有利于我们利用所学知识对新问题、新情景进行迁移。此外，坚持做课堂笔记还可以锻炼我们思维的条理性、逻辑性，有利于我们培养意志力。因此，课堂笔记对我们非常重要。

但是，如何做好课堂笔记却是我们需要思考的问题，有些同学干脆把老师讲的话全部记下来，成了老师的“录音笔”，有些同学做笔记时没有条理性，显得乱七八糟，当复习笔记时不知如何下手……那么，在课堂时间有限的情况下，怎样才能高效地做笔记呢？课堂笔记的记法有没有一些讲究呢？我们做笔记时究竟有哪些原则呢？

（一）条理清晰，详略得当

要想我们复习笔记时能够一目了然地找出重点，那么，我们在做课堂笔记时一定要有条理，有层次，分段分条记录，不要将几个问题掺杂在一起记录，而是要突出重点，详略得当。要做到条理清晰、规范，我们可以采用标题分级、图表、知识树等方式。如，一、（一）、1、（1）、①等，可以很清晰地看出知识的层次结构。图表可以将知识的内外关系清晰地表达出来。通过“知识树”，我们能够很容易地看出知识的体系结构。

下面，我们看一位中学生所做的英语笔记：

1. go 常见短语及例句

① go away 走开、离开、逃跑

Did you stay at home or did you go away?

② go against 反对、不利于

But if you go against nature and do things at the wrong time of year, you will have to do more work and the results will not be so good.

③ go bad (食物) 变坏、坏掉

Around 1850, a terrible disease hit the potato crop, and potatoes went bad in the soil.

④ go off 离开，走开

When are you going off to Guangzhou?

In the afternoon, we all went off separately to look for new plants.

2. keep 常见短语及例句

① keep a record 作记录

It also keeps a record of the date on which they will travel.

② keep back 留下

Finally, he did not give her the right change, but kept back five pounds.

③ keep fit 保持健康

So people will be advised to keep fit in many ways.

④ keep in touch with 与……保持联系

Although many families became separated, people still kept in touch with each other.

⑤ keep on (doing sth.) 继续 (做某事)

In the years that followed, Marx kept on studying English and using it.

⑥ knock out of 从……敲出来

In the following spring, the seeds should be knocked out of the seed – heads and sown.

这位同学的笔记条理非常清晰，既有重点词汇，又有例句，也便于以后翻阅。我们做课堂笔记时，要详略得当，而不能把笔记当听写，事无巨细，“眉毛胡子一把抓”，把老师讲的所有东西，不加思考地、机械地全部记下来，看不出重点和难点。

笔记的详略要依下面这些条件而定：讲课内容是否熟悉——越不熟悉的内容，笔记越要记得详细；讲课内容是否容易找到参考书——如果很难从教科书或别的来源得到这些知识，就必须做详细笔记；老师是否重复了好几遍或者有意识地停留一段时间——这些内容往往是重要的知识点，需要我们详细地记录下来。

（二）紧跟老师，准确记录

上课听讲时，我们应该跟着老师的讲解进行思考，最好边听课边记下老师呈现教材内容的顺序，分析老师依此顺序讲解知识的意图以及老师在讲解过程中所列举的经典案例等。

在心理学中，有一个著名的“首因效应”。人们对个体的评价，往往在很大程度上受到第一次印象的影响。这在笔记中同样适用。做笔记时，首次记录发生错误，以后很难改正。所以，我们做笔记时，资料一定要正确，抄板书时要认真，如果有不明白或不太清楚的部分，加上记号，下课后尽快翻阅课本或请教老师同学，及时改正。这一点是最重要的，它是做好笔记的基础。

（三）恰当处理“听”和“记”的关系

在有限的课堂时间里，一方面，我们要认真听讲，听懂老师所讲知识点的来龙去脉，了解其基本实质和内涵，另一方面，我们也需要做好课堂笔记，这既有利于我们集中注意力，也有利于我们课后的复习。所以要求我们恰当处理好“听”和“记”的关系。

听记结合，听为主，记为辅。有的同学习惯于“教师讲，自己记，复习背，考试模仿”的学习，一节课下来，他们的笔记往往记了好几页纸，成了教学实录。这些同学过分依赖笔记而忽视思考，以为老师讲的没有听懂不要紧，只要课后认真看笔记就可以了。殊不知，这样做往往会忽视老师的一些精彩分析，使自己对知识的理解肤浅，增加自己的学习负担，学习效率反而降低，易形成恶性循环。

我们的课堂笔记是边听边记的，这就需要有相应的速度，不然就会影响听讲效果。我们可以利用符号缩写来帮助自己提高书写速度。

做笔记的前提，就是不能影响听讲和思考，这就要求自己在做笔记时要把握好时机。一般来讲做笔记的时机有三个：一个是老师在黑板上写字时，要抓紧时间抢记；二是老师讲授重点内容时，要挤时间速记、简记；三是下课后，要尽快抽时间去补记。

此外，我们最好坚持用自己的话记。因为这可以省去老师所讲的内容中一些不重要的、说明性的信息，同时可以训练自己浓缩信息的能力，提高做笔记的速度。当然，用我们自己的话记录的知识，印象深刻，便于记忆。

（四）适当留些空白位置

理想的笔记要有好的格式。课堂笔记用的纸张，不要把一页纸写得满满的，每页上下左右都要留出一定的空白来。建议最好把笔记的一页用一条竖线格式分为两部分。其中左面占2/3，右面占1/3。左面用于做课堂笔记，右面用来提示值得注意的地方、强调重点等，也可以随时加上自己的理解、疑问、心得体会或者补充相关资料。因为，有时即使是同一内容，每看一次都会有不同的体会和认识，也需要留出空间来添写。

中学新教材每页的右边均留有较多空白，也是从形式上入手，有意识地引导学生动起笔墨，养成良好的学习习惯。值得注意的是，左右两栏内容之间要相对应，即老师讲的和自己想的针对相同章节的内容应在相同的行上，这样便于对照复习。

（五）多种感官并用

我们在上课时，不仅仅是手、眼、耳、口的结合，还有大脑的作用。有些同学，从老师一开始讲课就埋下头来，耳听手写，刷刷地从头记到尾。而大脑只当了声音和文字之间的传递媒介，并没有半点参与思维活动。一堂课下来，搞得头昏脑涨的，对老师到底讲了哪些东西很可能是糊里糊涂的。甚至记录有误也不能发现，更谈不上抓住老师讲析的关键所在了。这样，听课记笔记搞得很辛苦，而效果却不好，真是事倍功半。

事实上，课堂上认真听讲，不只是单纯耳朵的任务，不能认为手里不做小动作，思想不开小差，就算是认真听讲，最起码的要能听懂老师讲的是什么内容，分析了哪几点道理（或要点或步骤或细节……），作出了怎样的结论，对老师讲的几个方面要听得懂，要能领悟、明白，也就是要会听讲，这才能为记好笔记提供重要的前提条件。

要做好课堂笔记，我们必须在课堂上专心致志，积极思考，大脑一定要随着老师的讲授中心参与思维，做到边听、边思、边记，分辨并详细记录老师讲课的重点。另外，我们还应该认真记下课堂上没有听清和充分理解的地方，以便课后向老师和其他同学请教。

（六）要及时整理课堂笔记

同学们要知道，我们的课堂笔记不是记过之后就随即丢掉，而是要整理加工。有些同学，课堂上一记，课后一扔，抛在九霄云外置之不理。这是一个坏习惯，因为课上记笔记，为了跟上老师的讲授，有很大的时间限制，难以避免缺漏、不完整和笔误，因此下课后要趁热打铁，跟同学对照一下，对缺漏不完整的地方要补充完整，对笔误的地方要纠正。这样，不但为今后复习提供知识储存的保证，而且，趁热打铁也便于加深知识的印象，有利于提高并巩固笔记的效果。

（七）结合学科特点

对于一些文科，比如语文、英语等，所学知识点比较零碎，其成绩的提高主要依靠平时的积累。在做课堂笔记时，要有耐心，认真地记录下所学生字、生词以及一些经典名句等，并在课后经常翻阅识记。对于一些理科，比如数学、物理等，所学知识前后逻辑性较强，做课堂笔记时，应把公式、定理等的推导过程及思路详细地记录下来，加深对所学知识的理解，也有利于我们对新知识的迁移。因此，我们应根据不同的学科，采取不同的笔记策略。

总而言之，我们在做课堂笔记时，要条理清晰，详略得当，突出重点；紧跟老师，准确记录；恰当处理好“听”和“记”的关系；适当地留些空白位置；手、眼、耳、口、脑、心并用；课后及时整理；根据不同的学科性质采取不同的笔记策略。只有我们掌握了这些基本原则，才能做好我们的课堂笔记，从而为我们的复习提供方便。

二、课堂笔记的重点内容是什么

我们知道，做好课堂笔记，对提高学习成绩大有裨益。但是课堂上时间有限，许多学生不会做课堂笔记，往往将老师讲的、黑板上写的、画的，一股脑儿地记下来，把课堂笔记变成了课堂记录，结果是上课时手忙脚乱，下课后仍然是一知半解，不能提高学习效率。为了不影响上课听讲效果，我们要有选择地记笔记。那么，我们做课堂笔记时，要重点记哪些内容呢？

（一）重点

在迎考方面，我们的老师都是有经验的，我们要注意记下老师提醒的应注意的问题和强调容易出错的地方，记下基本概念的要点、基本原理、定理、规则等的运用范围及运用时要注意的问题等。老师一再强调的知识点应着重注意，一定要记好、记全、记准。通常，老师在讲到重点或难点内容时，总会有一些暗示的，他们或者在讲前有意停一下，以引起你的注意，或者在讲后把内容重复一遍，以加强学生们的记忆。

老师强调的知识点往往以关键词和线索性语句形式出现。关键词是指在讲课内容中。具有重要地位的词语，可以作为记忆的引发器。线索性语句是讲课人用来提示即将出现的重要信息的语句，例如："下面这几方面非常重要"、"这个要记下来"、"得出的主要结论是"、"考试时要考的主要问题是"等等。我们要悉心观察，及时笔记。

此外，记下老师课后总结的内容。归纳总结是老师对一个章节或一个课时所讲内容的概括总结，往往是对讲课的重点内容的概括，是经过老师筛选、浓缩的一些带有规律性的认识，这是一堂课的精华，可从中找出重点及各部分之间的联系。如果能够准确而有条理地记下来，可以减轻我们学习上的许多不必要负担，少走许多弯路。老师在归纳总结的时候总要放慢速度、加重语气、反复强调，配以板书、辅以手势等。这时，我们就应提醒自己，抓住时机，记好笔记，使课堂上所学的内容融会贯通。

小 A 是七年级学生，在语文课堂上，他不仅随时记下老师讲的重点知识点，还依据老师的总结，下课后，还将笔记认真整理了一下。下面，我们来看看小 A 整理的《伤仲永》的笔记：

《伤仲永》

1. 出处：选自《临川先生文集》。

2. 作者：王安石，字介甫，晚号半山，也被称为王文公；是北宋政治家、思想家和文学家。他的散文雄健峭拔，被列为"唐宋八大家"之一。

3. 文章含义：我们不能仅仅寄希望于先天的优势，还要重视后天的培养和教育。

4. 字词句

A. 词义

(1) 通假字

①日扳仲永环谒于邑人："扳"通"攀"，牵、引。

②贤于材人远矣："材"通"才"，才能。

③未尝识书具："尝"同"曾"，曾经。

(2) 古今异义

①是：古义此，与"自"组合意为"自从"，eg：自是指物作诗立就；今为判断词。

②或：古义不定代词，有的，eg：或以钱币乞之；今义为或许。

③文理：古义是文采和道理，eg：其文理皆有可观者；今表示文章内容或语句方面的条理。

(3) 一词多义

①自：a. 自己，eg：并自为其名；b. 从，eg：自是指物作诗立就。

②闻：a. 听说，eg：余闻之也久；b. 名声，eg：不能称前时之闻。

③其：a. 这，eg：其诗以养父母；b. 他的，eg：稍稍宾客其父。

④并：a. 连词，并且，eg：并自为其名；b. 副词，全，都，eg：黄发垂髫并怡然自乐。

⑤名：a. 名词，名字，eg：并自为其名；b. 动词，说出，eg：不能名其一处也。

⑥宾客：a. 动词，以宾客之礼相待，eg：稍稍宾客其父；b. 名词，客人，eg：于是宾客无不变色离席。

⑦就：a. 动词，完成，eg：自是指物作诗立就；b. 动词，从事，做，eg：蒙乃始就学。

⑧然：a. 代词，这样，eg：父利其然也；b. 形容词词尾，……的样子，eg：泯然众人矣。

⑨于：a. 介词，此，eg：贤于材人远也；b. 介词，在，eg：于厅事之东北角。

⑩ 为：a. 动词，作为，eg：其读以养父母，收族为意；b. 动词，成为，eg：卒之为众人。

⑪ 夫：a. 指示代词，那些，eg：今夫不受之天；b. 名词，丈夫，eg：夫起大呼。

(4) 词语活用

① 忽啼求之（啼，哭着，动词作状语。）

② 父异焉（异，奇怪，形容词作动词。）

③ 宾客其父（宾客，名词作动词。以宾客之礼相待。）

④ 父利其然（利，作动词。）

⑤ 日扳仲永环谒于邑人（日，每天，作状语；环谒，四处拜访。）

(5) 重点词语翻译

① 世隶耕（隶，属于。）

② 不至：没有达到（要求）。

③ 称前时之闻（称，相当。）

④ 通悟：通达聪慧。

⑤ 收族：和同一宗族的人搞好关系；收，聚、团结。

⑥ 彼其：他。

⑦ 泯然：完全。

⑧ 贤于材人：胜过有才能的人；贤，超过；材人，有才能的人。

B. 重点句子翻译

① 邑人奇之，稍稍宾客其父，或以钱币乞之：同乡人对他感到惊奇，渐渐地请他父亲去做客，有的人还用钱币求仲永题诗。

② 父利其然也，日扳仲永环谒与邑人，不使学：（他的）父亲以为这样有利可图，每天拉着仲永四处拜访县里的人，不让他学习。

③ 其受之天也，贤于材人远矣。卒之为众人，则其受于人者不至也：他的天资，比一般有才能的人高得多。最终成为一个平凡的人，是因为他

没有受到后天的教育。

④其诗以养其父母，收族为意：这首诗以赡养父母、团结同宗族的人为内容。

⑤自是指物作诗立就：从此，指定事物叫他作诗，他立即写成。

⑥令作诗，不能称前时之闻：叫他做诗，写出来的诗已经不能跟以前听说的相当了。

⑦今夫不受之天，故众人，又不受之人，得为众人而已耶：那么，现在那些不是天生聪明、本来就平凡的人，又不接受后天的教育，难道之成为普通人就完了吗？

有一点需要同学们注意，记重点内容并不等于照抄课本，我们看下面一项研究结果：

表1　主科笔记的内容调查

	记老师板书	自己记重点	记标题	书中划重点	其他
普通班	61.6%	35.4%	0.0%	0.0%	3.0%
重点班	48.3%	43.7%	1.1%	4.6%	2.3%

由表1可以看出，研究者将普通班和重点班学生的笔记内容进行比较，结果发现，普通班中有61.6%的同学在做课堂笔记时，把老师的板书照抄下来，而根据自己的理解进行记录重点内容的同学，占35.4%；重点班中照抄老师板书的占48.3%，根据自己理解进行记录重点的同学占43.7%。

这说明，重点班的学生在做笔记时，会有自己的思考，对知识点进行了进一步的加工，而且他们的思维速度快，对老师所教的知识能较快地理解，通过加工编码再进行记录；而普通班学生在听课的过程中，有时因为老师上课的速度较快，自己思维的速度慢，来不及对老师的讲课内容进行加工整理，在课堂上很难马上理解接受老师所传授的知识，因此更多的是照抄老师板书，在课后借助课堂笔记，帮助自己更好地理解课程内容。

这也就要求我们，在课堂上，一定要集中注意力，这样才不至于遗漏老师所讲的知识点，能对课堂知识进行较快的加工整理，从而形成自己独特的知识体系，提高课堂学习效率。

此外，从表1中，我们还可以看出，普通班的学生在做笔记时，可能会遗漏标题，没有想到在书中直接划出重点，那么，这对于我们同学在以后的笔记中，也有一些启示，不能忘记笔记内容的标题，便于以后复习时的查阅；课本上已经有的重要知识点，可以直接划出来，这样既节省了宝贵的课堂时间，又便于把握知识的整体结构，提高学习效率。

(二) 难点或疑问点

学贵质疑。在预习时尚未搞清楚的、易错、易混、理解不清或模棱两可的内容，尤其是经老师讲解仍似懂非懂的知识点要及时记下来，课下再去请教老师或同学，你可以带着笔记本和笔，请给你答疑的老师或同学直接在你的笔记本上写下要点、例句或典型例题，也可以边听讲解边记。这一点是很多同学没有尝试过的，不妨试一试。例如，有同学对英语课堂上老师所讲的 give up 和 give in 怎么都区分不清，就把它们记下来，课下找老师或同学讨论或查找资料。

(三) 老师补充内容

对于老师讲课时补充的精彩内容，有些内容分散在各节之中，甚至分散在过去学过的各册书或课外书籍中，这是老师在查阅大量参考资料的基础上精心选择出来的，我们应当认真地记下来，以便于扩大自己的知识面和形成自己的知识体系。书上没有、老师补充的内容往往是重要的考点，你可能因记下这些知识而取得优势。

(四) 讲课思路

因为思路是老师分析问题和推导结论的过程，它体现老师的思想方法和对教材的透彻理解。记下老师讲课的思路，学会老师分析问题的方法，既可以少出错误，又有利于启发我们的思维，打开我们的思路，从而提高我们的思维能力。

例如讲解概念或公式时，主要识记知识的发生背景、实例、分析思路、关键的推理步骤、重要结论和注意事项等；对复习讲评课，重点要记解题策略（如审题方法、思路分析等）以及典型错误与原因剖析，总结思维过程，揭示解题规律。

小 B 是九年级学生，在一次数学复习课上，他把老师所讲的具体解列方程（组）应用题的思路记录了下来，以便自己以后的反思和参考。我们来看一下：

列方程（组）解应用题是中学数学联系实际的一个重要方面。其具体步骤是：

1. 审题。即理解题意。弄清问题中已知量是什么，未知量是什么，问题给出和涉及的相等关系是什么。

2. 设元（未知数）：（1）直接未知数；（2）间接未知数（往往二者兼用）。一般来说，未知数越多，方程越易列，但越难解。

3. 用含未知数的代数式表示相关的量。

4. 寻找相等关系（有的由题目给出，有的由该问题所涉及的等量关系给出），列方程。一般地，未知数个数与方程个数是相同的。

5. 解方程及检验。

6. 答案。

综上所述，列方程（组）解应用题实质是先把实际问题转化为数学问题（设元、列方程），在由数学问题的解决而导致实际问题的解决（列方程、写出答案）。在这个过程中，列方程起着承前启后的作用。因此，列方程是解应用题的关键。

（五）老师在黑板上列出的提纲、图解和表解

老师讲课时所列的提纲、表解和图解，是对课本知识结构的总体把握，对课本知识内在联系的概括，我们要记下这些提纲，以便于我们整体把握知识框架，也有利于我们以后的复习。

如果这个纲要与书上基本一致，则不必记，只要在书上勾画出来就行了；如果与书上不同，老师对本课的内容重新进行了组织，这种纲要应该完整地记下来，作为自己复习和总结时的参考。

（六）记体会

我们还应该把教师讲授的新课或讲解的习题，经过思考得到的体会，或者对自己很有启发的以前没有想到的部分简要地记下来。听课时也可能有一些新的想法，如新的论证角度、新的解题方法等，要及时记录下来，留待课后证实。在复习中如发现新的心得体会，我们可以随时补记在笔记本上，这样在以后听课时，容易帮助我们产生一些联想。这些联想具有很珍贵的借鉴价值，如不及时记下，很可能被迅速遗忘。

当然，我们写听课心得不宜过于复杂，不可无限制地浮想联翩，否则会妨碍听课效果。有些灵感的迸发、创造性的思维火花在头脑中停留的时间是很短暂的，稍纵即逝，所以我们需要及时记录下来。同时注意要全面系统地学习知识，必须靠平时一点一滴的积累，只有持之以恒的学习才会有好的学习效果。

同学们，通过上面的讲解，我们应该很容易地理解，有些内容是不需要记的：次要的知识点，我们了解一下就可以了；简单易懂的内容，没有必要再记下来；教材上已经清楚列举的知识，我们认真看课本就可以了，不需要再在笔记本上记下来。

总而言之，我们在做课堂笔记时，不能只凭心情，想记什么就记什么，也不能“眉毛胡子一把抓”，而要有侧重点地记，记那些重点、难点、疑问点、老师补充内容、讲课思路、老师在黑板上列出的提纲、图表和表解以及在听课学习过程中的体会。只有这样，我们才能有的放矢，既能明确而清晰地做好课堂笔记，又能高效地利用课堂时间，提高我们的学习效率。

三、主科、副科的课堂笔记是否区别对待

同学们，你们知道什么是主科，什么是副科吗？按照传统学科观念，我们常把中小学所开设的文化课分为主科、副科，所谓主科是指高考、中考或小升初考试科目，副科是指高考、中考或小升初的非考试科目，特别是高考采取文理分科的考试形式之后，对文科学生来说，理、化、生也即副科，对理科学生来说，政、史、地也成了副科。

尽管有关部门采取了一系列措施来淡化主副科观念，如初高中阶段所开设的课程都必须进行毕业会考，高考采取“3＋综合”考试模式等，但同学们受学习兴趣、中考高考现实、老师及家长引导等多重因素的影响，仍然自觉或不自觉地把文化课程分为主科与副科。那么，我们在对待主科的课堂笔记和副科的课堂笔记中有什么不同呢？下面，我们来看一项研究结果：

表2　主科、副科笔记习惯调查

	按老师讲课，自己记	按课本内容，自己记	复制老师课件	复印同学笔记	其他
主科	69.7%	3.0%	24.2%	2.0%	1.0%
副科	63.6%	2.0%	28.3%	6.1%	0.0%

由表2可以看出，做主科的笔记时，69.7%的学生选择“按照老师上课内容，自己做记录”，而做副科的笔记时，63.6%的学生选择这种方式；做主科的笔记时，3.0%的学生选择“按照课本内容，自己做记录”，而做副科的笔记时，2.0%的学生选择这种方式；做主科的笔记时，选择“复制老师课件”、“复印同学笔记”这两种方式的同学分别为24.2%和2.0%，而做副科的笔记时，选择这两种方式的学生分别为28.3%和6.1%。这说明，做主科笔记时，学生的主动性更强一些，做副科笔记时，很多学生采取的方式则相对消极一些。

根据很多同学的观点，由于主科课程的学习关系到自己期中期末考试在班级里的排名，关系到自己的升学压力，他们在学习主科课程时，不管老师是否要求，都会主动做课堂笔记，根据自己对知识的理解，根据自己的学习需要，上课认真听讲，并对老师的讲课内容进行加工，做出适合自己的有效的笔记，并且记得详细而又有条理。课后，他们会对课堂笔记进行整理，经常复习。

他们做笔记的目的是帮助自己真正掌握课程，并且愿意长期保存。他们认为，主科的课堂笔记不仅有利于自己的学习，还有利于自己良好学习习惯的形成，有利于培养自己的意志力。

但是当上副科课程时，由于副科课程于自己的排名关系不大，与升学压力关系不大，他们要么直接在课本上做些批注或标志，要么干脆不动笔，直接不做课堂笔记。即便是他们做了课堂笔记，常常是照抄老师的板书，很少经过自己的认真思考。下课后，他们几乎不整理课堂笔记，并且只在考前复习时才翻出来使用。

他们做笔记的目的是应付考试和老师的要求，带有很多功利倾向。他们认为，副科的课堂笔记对自己的学习帮助不大。这门课程结束之后，常常不知把笔记本丢到哪里去了。

实际上，同学们应该认识到，各门学科之间是互为补充、互为基础的。中小学阶段开设的各门功课之间都或多或少存在着一定的联系，它们有的是互为补充关系，有的是互为基础关系。

传统的学科观念已受到科学发展的挑战，现代科学的发展，已经对传统的学科观念构成了挑战，传统的学科界限已被打破，高考考试科目改革，都要求同学们要在中小学阶段学好每一门文化课。如果我们在投入时间与精力上有轻有重，主观上是放松对“副科”的学习，客观上已经造成对“主科”的影响。因此，同学们必须按照要求学好每一门必修课程，不放弃任何一个学科的学习，更不能过早偏科或分科。

综上可知，我们不能简单地只重视主科，坚持认真做主科的课堂笔记，轻视副科，不认真做副科的课堂笔记，而应该认真对待每一门课程。即便是某些课堂知识不是太多的课程或者与升学压力关系不是太大的课程，我们也不能忽视，可以紧跟老师的思路，用记号划下重点，必要的时候做些眉批、旁批，以便于扩大我们的知识面，开阔我们的视野。

四、不同学科（文、理）的课堂笔记怎样应对

同学们，随着我们所学科目的增多，我们所需要做笔记的科目也越来越多。那么，文科科目如语文、英语、政治、历史及一部分的地理课程，和理科科目如数学、物理、化学、生物，它们的课堂笔记有什么不同吗？我们文科以语文为例，理科以数学为例，来说明做文、理科笔记的不同应对方法。

在先前的讲解中我们可以知道，课堂笔记的重点内容是重点知识、难点或疑点、老师补充内容、老师在黑板上列出的提纲、图表表解以及在听课学习过程中的体会。但是，当应用于不同性质的科目时，还是有些不同的。

（一）如何做语文课堂笔记

语文学习重在平时的积累。因此，我们在平常的学习中，要勤于做笔记，善于做笔记。做好语文笔记，好处多多。首先，它能促使我们集中精力，认真听课；其次，记下来的有关知识有利于今后的复习；再次，它能培养我们的记录和书写能力，养成良好的学习习惯。那么，语文笔记应该记些什么呢？

1. 记新知识

每节语文课的知识侧重点各不相同，知识都是新旧交织在一起的，为了提高课堂学习的效率，就要求我们要形成筛选新知识的意识。筛选出的新知识要及时记下来，记全记清，并要具有概括性。语文课堂笔记就是要

把筛选出的新知识及要点及时记下来，以便于我们以后的复习。

例如，七年级学生小C在语文课堂上学《木兰诗》时，认真记录老师所讲的这节课的新知识，整理之后，他的笔记如下（节选）：

重点词义：

（1）通假字

① 对镜帖花黄：“帖”通“贴”，粘，粘贴。

② 出门看火伴：“火”通“伙”。

（2）古今异义

① 爷：古义指父亲，eg：卷卷有爷名；今指爷爷，即父亲的父亲。

② 走：古义为跑，双兔傍地走；今义行走。

③ 但：古义为只，副词，eg：但闻黄河流水鸣溅溅；今常用作转折连词。

④ 郭：古义为外城，eg：出郭相扶将；今仅用作姓氏。

（3）一词多义

①市：a. 集市，eg：东市买鞍马；b. 买，eg：愿为市鞍马。（名词作动词。我愿意为此去买鞍马。）

②买：a. 买（东西），eg：东市买骏马；b. 雇，租，eg：欲买舟而下。

（4）词语活用

①“何”疑问代词作动词，是什么。eg：问女何所思。

②“策”名词作动词，登记。eg：策勋十二转。

③“骑”动词作名词，战马。eg：但闻燕山胡骑鸣啾啾。

2. 学科的知识要点

语文的学习会涉及其他很多学科的知识，如对时代背景的介绍，对主题的概括，对写作特点的分析，对重点段落句子的品读，某些修辞手法及词语的用法等，对于能引起我们知识结构迁移的，应该马上记下来，并注明自己需要补充的相关知识，可能要查找的资料等。这样，我们的知识面就会越来越宽，运用知识的能力也会越来越强，那么，我们在不同内容、知识的相互交叉、渗透和整合中开阔视野，提高了学习效率，就能初步获得现代社会所要求的语文实践能力。

3. 记闪光的语言

在课堂学习过程中，不论是老师或学生，都会有精彩的思想火花迸发出来。如果我们能将那些引起自己思想共鸣的、感动自己的语言以“凡人警句”的形式记录下来，无疑对我们积累词汇和丰富知识贮备有很好的帮助。

“竹外桃花三两枝，春江水暖鸭先知。”“不知细叶谁裁出，二月春风似剪刀。”“接天莲叶无穷碧，映日荷花别样红。”“黄梅时节家家雨，青草池塘处处蛙。”“落霞与孤鹜齐飞，秋水共长天一色。”“长风万里送秋雁，对此可以酣高楼。”“忽如一夜春风来，千树万树梨花开。”“千山鸟飞绝，万径人踪灭。孤舟蓑笠翁，独钓寒江雪。”“举杯邀明月，对影成三人。”……如果我们能够将这些优美的句子随时记下来，那么，对于我们以后的学习是大有裨益的。

4. 记瞬间感悟

我们根据自己的经验可以知道，语文是一门实践性很强的科目，只掌握一定的知识是远远不够的，它更需要学习者作为一个独立个体的言语操作。语文学习的材料，多数是作家对生活的艺术化描述或对人生感悟的阐发，阅读作品就是读者调动自己的经历体验进行的再创作，同时，也是与作者沟通对话的过程。

在这个过程中，会有很多小火花一样的心得体会或感悟在大脑中闪现，我们在学习中要抓住这些灵感，及时记录下来，它们往往很有价值，是我们学习过程中很宝贵的东西。为了课下整理、完善这些学习灵感，可将自己即时的思绪用非常简练的词语记下来，因为，这些瞬间的火花稍纵即逝，很难再捕捉到。

及时记下，既锻炼了自己的思维能力，又为写作提供了重要的积累。事实上，不少名家的学术随笔就是这样产生的。即便是某一知识的学习，记下自己个性化的体会，也有助于巩固和深化。如果我们有了这种意识，学习的自觉性一定会加强，学习语文的触角也就会延伸到社会生活中。

良好的笔记习惯对我们的学习效率有很大的影响，然而，很多同学在记什么、怎么记以及如何使用上存在着很多误区，这些误区致使笔记不能充分发挥在学习中应有的辅助作用，严重制约着同学们的学习效率的提高。下面，我们来看一下语文笔记中的“六忌”，希望能引起同学们的注意。

一忌满书乱写，没有专门的笔记本。有些同学用课本取代笔记本，什么都写在书上，把学过的课文弄得密密麻麻。当然，在书页空白处做眉批、旁批，在段落间书写段落大意，在课文正文和注释上划出重要的字、词、句等，都是必要的，但因此而取代专门的笔记本，让有限的书页独担重负，实不可取。

其主要的不利之处就在于翻阅不便，无法分类和整理，当我们进行复习时，很难理清思路，难以分清哪些是已经会的知识，哪些是还不太明了的知识。那么，同学可能会有疑问，课本记录与笔记本记录如何分工呢？一般来讲，课本上记的东西要与课文有直接的关系，主要包括对课文字词句段篇的理解和一些课本上已经有的、可以勾画出来的东西，而由课文引发的一些联想、听课悟得的一些方法以及一些易误词语和重要的文学常识，都应条理清晰地记录在笔记本上。

二忌随手应付，无长远打算。有些同学对笔记的作用不理解，把做笔记当作应付差事，于是老师让记什么就记什么，老师不明确让记下的就不记；或者心情好时就认真记，心情不好时就敷衍了事，记记停停，停停记记，不能坚持每堂课都做笔记；或者随便找张纸记，记过即扔；或者多个科目记在一个笔记本上，看上去让人感觉像“大杂烩”……这样的笔记只是应付差事，对学习没有实际的意义，这些同学做的基本上都是无用功。

对于这样的同学，纠正的方法就是：一要端正做笔记的态度，认清做笔记的实际意义；二要培养学习的兴趣和热情，树立为达到目标而努力学习的决心；三是多看看同学中的优秀笔记，既以榜样激励自己，又从中学习记笔记的技巧方法。

三忌条理不清，思路混乱。有的同学虽然很重视做笔记，有专门的甚至很精美的笔记本，可是缺少一些组织的方法，往往一片混乱，眉目不清。笔记的目的一是为了备忘，二是为了将来复习的方便。为了做笔记而做笔记，只知一味地记下去，会给将来的复习带来诸多不便。

因此分清类别，辨明轻重，就显得很重要了。例如一堂新课，笔记大致可分以下栏目：①词语、音、形、义的积累；②文学常识；③佳句摘抄；④课文理解；⑤释疑解难；⑥独到之见。前五项所记应记自己较为陌生的、重要的内容，已经熟悉的词语、文学常识和自己能懂的课文理解，就没有必要再做笔记，浪费时间和精力了。此外，为了更好地分类管理，使用方便，可以准备多个本子，如“课堂拾贝”或“阅读采风”等。

四忌偏重知识，忽略心得体会。可惜的是，看看很多同学的笔记本，照抄知识和原文词句的内容很多，自己的思考感悟很少或基本没有，那宝贵的思维火花也没有及时地记录下来。

五忌一成不变，不加整理。有的同学笔记记完了就完了，最多以后再翻翻罢了。这种做法，忽视了中学生学习笔记的本质——体现学习过程的重要记录。笔记既是学习过程的重要记录，那么自然要随着学习过程的变化而变化。比如随着学习的深入，难易的重新划定；重翻时新的理解的补充；同一知识材料的进一步丰富等。

所以，笔记应是流动的活水，一方面有旧的淘汰，一方面有新的摄入。即便有的笔记纯粹是材料积累性质的，属于“资料库”，也应该尽量避免一成不变。需要注意的是，为了整理的方便，开始做笔记的时候，我们就要留有一定的空白，并且最好单面记。这样既便于补充新的内容，也便于分类剪贴。

六忌课后不翻或不考试不翻。做笔记的目的是应用，是为了更好的学习。为达到这个目的，自然要经常翻看。可是，很多同学为记而记，记后不翻，或者只在考试时翻一下，有的甚至考试时也不翻，只是忙于做新题。这是不会学习的表现，其结果除了做不出高质量的笔记，就连勉强做的那点也无法发挥应有的作用①。

以上这些是我们从中学生笔记实践中归纳出来的一些常见问题，我们在此提出来，希望同学们对语文笔记有更完整的认识，从而学会更加科学有效的学习。

（二）如何做数学课堂笔记

数学学习重在逻辑思维和缜密的推理。因此，我们在平常的学习中，要学会做数学笔记，从而培养逻辑思维能力。做好数学笔记，好处多多。首先，它能促使我们集中精力，认真听课；其次，记下来有关知识，有利于今后的复习；再次，它能培养推理能力和质疑精神，养成良好的学习习惯。那么，数学笔记应该记些什么呢？

1. 记解题方法和典型例题

在课堂上，我们要理解老师对数学概念的建立、定律的得出、结论的推导和典型例题的讲解，记下老师的解题技巧、思路及方法。这对于启迪我们的思维，开阔视野，开发智力，培养能力，以及提高解题水平大有益处。

数学能力的提高离不开做题，但当处理的题目达到一定的量后，决定

---

① “六忌”内容参考于甘肃省基础教育教研平台。朱雪梅．语文笔记六忌．2009年8月．http：//gsyx．cersp．com/artiche/browse/3117504．jspx

复习效果的关键因素就不再是题目的数量，而在于题目的质量和处理水平。解数学题要着重研究解题的思维过程，弄清基本数学知识和基本数学思维在解题中的意义和作用，研究运用不同的思维方法解决同一数学问题的多条途径，在分析解决问题的过程中既构建知识的横向联系又养成多角度思考问题的习惯。

一节课与其抓紧时间大汗淋淋地做30道考查思路重复的题，不如深入透彻地掌握一道典型题。

下面，我们看一位同学的数学笔记，关于等腰三角形的一种解题方法——分类讨论：

例1：已知等腰三角形的一个内角为65°，则其顶角为（　　）

A. 50°　　B. 65°　　C. 115°　　D. 50°或65°

思路：65°角可能是顶角，也可能是底角。当65°是底角时，则顶角的度数为 $180° - 65° \times 2 = 50°$；当65°角是顶角时，则顶角的度数就等于65°。所以这个等腰三角形的顶角为50°或65°。故应选D。

提示：对于一个等腰三角形，若条件中并没有确定顶角或底角时，应注意分情况讨论，先确定这个已知角是顶角还是底角，再求解。

例2：已知等腰三角形的一边等于3，另一边等于4，则它的周长等于________。

思路：已知条件中并没有指明3和4谁是腰长，因此应由三角形的三边关系进行分类讨论。当3是腰长时，这个等腰三角形的底边长就是4，此时等腰三角形的周长等于10；当4是腰长时，这个三角形的底边长就是3，则此时周长等于11。故这个等腰三角形的周长等于10或11。

提示：对于底和腰不等的等腰三角形，若条件中没有明确哪是底，哪是腰时，应在符合三角形三边关系的前提下分类讨论。

2. 记悬念和错题

课堂上，可能由于某些原因，我们对某些问题没有听得十分明白。老师有时会留下一些问题让我们课后思考，而这些问题也许要经过好长一段时间的学习才能解决。同时，我们在预习新课时多少会有一些自己难以理解的问题；作业中也难免会出现一些错误，那么，上课时就必须特别注意老师讲解这些疑难的地方。这些难点问题，哪怕我们在课堂上解决了，但时间长了可能会忘记。

尤其是当我们做错题目时，我们不能笼统地埋怨自己解题“粗心”，而应该把做错的题目研究一下，是不是因为注意力不集中，顾此失彼；或者审题不细心，误解题意；或者记错概念、公式、定理；或者是心理紧张，随意跳步骤，造成运算错误等等。

“错误是最好的老师”，我们要认真地纠正错误，寻找错因，要做好解题后的反思，清理解题思路，寻求最佳解答方法，以达到举一反三、融会贯通的目的。及时进行总结，三五个字，一两句话都行，言简意赅，切中要害，以利于吸取教训，力求同一错误不犯第二次；轻描淡写，文过饰非的查错因是没有实际意义的。只有认真地追根溯源地查找错因，教训才会深刻。

所以，我们要做好改错反思，每个同学都应该有一个错题本。把这些问题和悬念记录下来，复习时多看两遍，加深对问题的理解和记忆。同时，记录我们做错的题目，也有利于拓展我们的思维，提高我们的解题能力，对我们以后的学习大有裨益。

下面，我们看一位同学关于排列组合常见错误的分析例题：

例 1：5 本不同的书，全部分给 4 个学生，每个学生至少 1 本，不同分法的种数　　（　　）

错误答案：$A_4^4 \cdot A_4^1$ 或 $C_5^4A_4^4 \cdot A_4^1$

错误的原因：$A_4^4 \cdot A_4^1$：先把 4 本书分给 4 个人；剩下的 1 本书可以分给 4 人中的任意一个。

$C_5^4A_4^4 \cdot A_4^1$：先从 5 本不同的书中选 4 本书，分给 4 个人；剩下的 1 本

书可以分给4人中的任意一个。

错误分析：$A_4^4 \cdot A_4^1$：分给学生的4本书，没有进行选择。应该先选书再分书。

$C_5^4A_4^4 \cdot A_4^1$：假设5本书为$ABCDE$，则4个人可能得到的结果是：A，B，C，DE；也可能是A，B，C，ED。这两种是一样的，造成了重复。

正确方法：

方法1：$(C_5^4A_4^4 \cdot A_4^1)/A_2^2=240$。

方法2：先抽2本书捆在一起，看作一整体再分配给4个人。

例2：某校准备参加2009年全国高中数学联赛，把10个名额分配给高二年级8个班，每班至少1人，不同的分配方案有________种。

错误答案：$8\times8=64$

错误的原因：先每个班一个名额，剩下2个名额，第一个名额有8种选择，第二个名额也有8种选择。所以共有64种不同的分法。

错误分析：上述可能的结果有：1，2，3，4，5，6，7（10），8（9）；也可能是1，2，3，4，5，6，10（7），9（8）。这两者是重复的。但也可能是1，2，3，4，5，6，7，8（9，10）或1，2，3，4，5，6，7，9（8，10），这也是重复的。

正确方法：先每个班一个名额，剩下2个名额。则有种可能：有2个班是2个名额；有1个班3个名额。即：2，2，1，1，1，1或3，1，1，1，1，1。所以问题转化为哪两个班分得2名名额或哪个班分得3个名额。所以正确解法是：$C_8^2+C_8^1=36$。

另外在阅读一些数学课外书或竞赛书时，我们也许会发现一些有趣的而自己一下又未能解决的问题，那么，我们可以把这些问题记录下来，可以课后与老师同学讨论，也可以自己课后多加思考，多加留意，很可能收到“踏破铁鞋无觅处，得来全不费功夫”的效果，从中获得和学到不少新知识。

3. 记提纲

每上一节课，我们应把这节课中老师所教的数学概念、公式、单位、定律或原理记下来。对难以理解的概念的建立及其内涵和外延，可通过举例来说明。对重要的数学定律或原理的得出、成立条件、适用范围及推导证明，都要记录清晰准确。

每学完一章，我们可以来一次小结，把全章的基本知识和基本技能系统地归纳整理在笔记本上。这些内容在课本上虽然有，但课文篇幅大，复习时不方便。这里通过摘抄提纲、提取精华，既方便平时复习，也增强了记忆，还能不断提高自己的归纳能力和实践能力。

此外，老师讲课大多有提纲，并且讲课时老师会将备课提纲书写在黑板上，这些提纲反映了授课内容的重点、难点，并且有条理性，因而比较重要，所以，我们应该把这些提纲记在笔记本上。

4. 记体会

记体会就是我们把老师讲授的新课或讲解的习题，经过思考得到的体会简要记下来。通过重新考虑和检查解题结果，以及得出这个结果的思路，这样可以巩固和提高解题能力。

我们来看一位同学的数学笔记：

例：设 $a<b<c$，那么 $y=|x-a|+|x-b|+|x-c|$ 的最小值是________。

解：根据绝对值的意义及题设，在数轴上做出数 a、b、c 对应的点 A、B、C

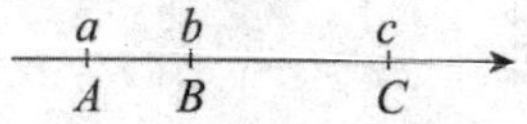

图 1

如图 1，数 x 对应的点与 A、B、C 三点的距离之和不可能小于 AC 的长，仅当数 x 对应的点与点 B 重合时，y 取得最小值 AC，而 $AC=c-a$，即 y 最小值 $=c-a$。

体会：数形结合思想是指将数量与图形结合起来分析、研究、解决问题的一种思想方法，是数学中最常用的方法。

5. 记总结

注意记住老师的课后总结，这对于浓缩一堂课的内容，找出重点及各部分之间的联系，掌握基本概念、公式、定理，寻找存在问题、找到规律和融会贯通课堂内容都很有作用。

此外，告诉同学们一个自己总结数学的有趣的方法，就是写数学日记。同学们可能会很疑惑，自己也知道写日记，但大部分都是语文课或英语课要求的内容啊，怎么会有数学日记呢？其实，数学日记很简单的，就是以日记的形式，把自己当天学习数学的思路、方法、体会和感悟等记录下来。下面我们看一个同学所写的数学日记：

2006 年 12 月 8 日　星期五　阴

今天，学了“鸡兔同笼”这一课，好有趣哟！

上课不久，刘老师就出了一个“怪题”：有一个笼子里关了鸡和兔，共有 20 个头，54 条腿，鸡兔各有多少只？

我左思右想，怎么算呢？真是个怪题，啊！有了，嘿嘿！一下子想出了两条妙计！怎么有人在说自己的方法了?! 是××，他竟破天荒地抢走了我的第一招“假设推理法”，就是：设 $x=$ 鸡的数目，$y=$ 兔的数目，那么，$x+y=20$，$2x+4y=54$，解出 $x=13$，$y=7$，则，鸡有 13 只，兔有 7 只。

幸亏我还有一张“王牌”，不然就惨了。我高高地举起了手，刘老师好像知道我的心思，选了我来回答，终于，我的“四部成功法”亮相了：$2+4=6$（条），$54\div6=9$（只），$9-2=7$（只），$20-7=13$（只）。

老师果然夸了我，我的心里甜滋滋的。动脑筋真好呀！

看了上面的一个例子，同学们不妨课后试一下，写出你的数学日记！这样不仅有趣，提高学习数学的兴趣，还可以有效地复习当天所学知识，提高学习效率。

综上可知，虽然语文课堂笔记和数学课堂笔记在很多地方有相似之处，如，都要记重点内容，都要记疑难点，都要记体会等，但是，它们之间也有不同的侧重点，如，语文笔记可能更零散、细碎一些，而数学笔记则更具有逻辑性。因此，我们应该根据文理科不同的学科性质，有针对性地做不同学科的笔记，以提高我们笔记的有效性，也为我们的学习提供方便。

第三节　阅读笔记全攻略

钱钟书先生认为，自己的读书经验就是好读书，肯下功夫，不仅读，还做阅读笔记，不仅反复读，还会对笔记不断地进行添补。所以他读的书很多，也不易遗忘。钱钟书说，一本书，第二遍再读，总会发现第一遍时会有很多疏忽。最精彩的句子，要读几遍之后才发现。

由此可见，阅读笔记的作用是极大的，我们应该向钱钟书先生学习，认真做阅读笔记，善用阅读笔记。下面，让我们来具体看看什么是阅读笔记，它的内容、作用、原则是什么，形式有哪些，以及如何做好阅读笔记。

一、什么是阅读笔记

读书，只有掌握了正确合理的科学的读书方法，才能收到事半功倍的效果，从而能在当今大量的书海世界中快速地获得知识和信息。古往今来，人们在长期的实践总结中摸索出了许多行之有效的方法，其中阅读笔记为许多学者、名家青睐，甚至有“不动笔墨不读书”之说。下面，就让我们来好好关注一下倍受名家学者重视的读书笔记吧。

阅读笔记也叫读书笔记，是我们在课堂之外阅读学习时，遇到值得记录的东西和自己的心得、体会，随时做下笔记以帮助学习。古人的读书经验是“四到”：眼到、口到、心到、手到。其中“手到”就是指做阅读笔记。

例如，在《红楼梦》中，这样描写林黛玉：“娴静似娇花照水，行动如弱柳扶风，心较比干多一窍，病如西子胜三分。”短短几句话，一个聪明多才、美貌体弱的病态美人出现在了我们的脑海中。我们可以把这些对自己很有启发的句子摘抄下来，也可以做些批注，写出自己独特的感悟和想法。

阅读笔记主要分为两种，一种是对我们已经学到的知识进行补充，因此是目的导向的，通常会有一个预定的目标，比如需要补充学习什么知识或需要了解哪些特定的知识。

例如，一位同学在学过课堂上老师所讲的黄金分割点之后，就想了解黄金分割点在现实中有没有什么应用，是不是真的那么神奇，于是，他就查阅了一些报纸杂志，做的阅读笔记如下：

基本知识——黄金分割点：点 C 把线段 AB 分成两条线段 AC 和 BC，如果 $AC^2 = AB \times BC$，那么，称线段 AB 被点 C 黄金分割，点 C 叫做线段 AB 的黄金分割点，AC 与 AB 的比称为黄金比，为 0.618。

奇妙的应用——东方明珠塔，塔高 462.85 米，设计师将在 295 米处设计了一个上球体，使平直单调的塔身变得丰富多彩，非常协调、美观；文明古国埃及的金字塔，形似方锥，大小各异，但这些金字塔底面的边长与高之比都接近于 0.618；小提琴是一种造型优美、声音诱人的弦乐器，它的共鸣箱的一个端点正好是整个琴身的黄金分割点；在油画艺术上的应用，蒙娜丽莎的头和两肩在整幅画面中都完美地体现了黄金分割，使得这幅油画看起来是那么的和谐、完美；人体肚脐不但是美化身型的黄金点，有时还是医疗效果黄金点，许多民间名医在肚脐上贴药治好了某些疾病；人体最感舒适的温度是 23℃，也是正常人体温（37℃）的黄金点（$23 = 37 \times 0.618$）；人体还有几个黄金点：肚脐上部分的黄金点在咽喉，肚脐以下部分的黄金点在膝盖，上肢的黄金点在肘关节，上肢与下肢长度之比均近似0.618。

另一种阅读笔记是兴趣导向的，主要是寻找自己感兴趣的阅读材料，这些材料来源比较广泛，可以是杂志报纸，也可以是名著书籍、电子资源等。

例如，一位同学非常喜欢物理，在阅读报纸杂志时，随时会记录一些有趣的物理现象或实验，下面我们看一下他所写的关于“为什么说‘响水不开，开水不响’”的阅读笔记：

我们知道，水中溶有少量空气，容器壁的表面小空穴中也吸附着空气，这些小气泡起气化核的作用。水对空气的溶解度及器壁对空气的吸附量随温度的升高而减少，当水被加热时，气泡首先在受热面的器壁上生成。

气泡生成之后，由于水继续被加热，在受热面附近形成过热水层，它将不断地向小气泡内蒸发水蒸气，使泡内的压强（空气压与蒸汽压之和）不断增大，结果使气泡的体积不断膨胀，气泡所受的浮力也随之增大，当气泡所受的浮力大于气泡与壁间的附着力时，气泡便离开器壁开始上浮。

在沸腾前，各水层的温度不同，受热面附近水层的温度较高，水面附近的温度较低。气泡在上升过程中不仅泡内空气压强P随水温的降低而降低，泡内有一部分水蒸气凝结成饱和蒸汽，压强亦在减小，而外界压强基本不变。此时，泡外压强大于内压强，于是，上浮的气泡在上升过程中体积将缩小，当水温接近沸点时，有大量的气泡涌现，接连不断地上升，并迅速地由大变小，使水剧烈振荡，产生“嗡，嗡”的响声，这就是“响水不开”的道理。

对水继续加热，由于对流和气泡不断地将热能带至中、上层，使整个容器的水温趋于一致，此时，气泡脱离器壁上浮，其内部的饱和水蒸气将不会凝结，饱和蒸汽压趋于一个稳定值。气泡在上浮过程中，液体对气泡的静压强随着水的深度变小而减小，因此气泡壁所受的外压强与其内压强相比也在逐渐减小，气泡液气分界面上的力学平衡遭破坏，气泡迅速膨胀，加速上浮，直至水面释出蒸汽和空气，水开始沸腾了。也就是人们常说的“水开了”，由于此时气泡上升至水面破裂，对水的振荡减弱，几乎听不到“嗡嗡”声，这就是“开水不响”的原因。

同学们，对不同阅读材料所做的阅读笔记，可以看作是一个人成长的印迹。在生命的不同阶段，我们所喜欢的书是不同的，它们仿佛是我们生命里程里留下的足迹，见证着我们人生的每一段路，每一个独特的风景，它使我们接受不同思想、文化的洗礼，使我们的生命更加丰富和完整。

二、做阅读笔记的动机

提到为什么做课堂笔记，可能有些同学是为了应付老师，这里指的是，如果你的老师明确规定要做笔记；可能一些同学是为了应付考试，在考前要翻翻重点内容，便于临时抱佛脚；可能有些同学是为了帮助自己学习知识；还有的可能想经常复习时会用到等种种原因。

而谈到为什么做阅读笔记，除了老师对此有所规定要求外，可能大多数人都是出于自发自愿，有更多的主动性在里面。比如为了提高考试成绩，为了扩展知识面，为了丰富知识体系，为了提高记忆，对阅读过的材料有个提纲挈领的整理，便于记忆，等等。所有这些原因促使我们做阅读笔记，但是不管出于什么原因，我们要知道做好阅读笔记并正确地使用它对学习是十分有益的。

三、做阅读笔记的原则

同学们，前面我们已经对阅读笔记的概念、原因有了一定程度的了解，那么，阅读笔记的原则是什么呢？

首先，目标导向

阅读笔记不同于课堂笔记，它更多是由一定的目标指引，比如为了查找丰富课本上的知识，或是兴趣导向，广泛阅读自己感兴趣的文章、书本及杂志刊物等，是由拓宽视野，丰富知识体系这一总体目标引发的。

例如，有的同学做阅读笔记可能就是为了扩大自己的视野，扩大知识面，我们看一位同学的英语阅读笔记：

He that sings on Friday, shall weep on Sunday; He who laughs on Friday will weep on Sunday.

乐极生悲。

Choose a wife on a Saturday rather than a Sunday .

节日假期，不宜选妻。（意指平时女子穿便服，故能更好地对之进行观察。）

Come day , go day , God send Sunday.

过了一天又一天，上帝快给个星期天。（此乃懒惰者的愿望，亦指懒惰的佣人盼望工作时间快快过去，休息和发工钱的日子快快到来。）

其次，注重理解

做阅读笔记注重的是对阅读材料的理解与大意要点的把握，该阅读材料给我们留下深刻印象之处，以及由此产生的联想。

例如，一位非常喜欢数学的同学，在一本杂志上看到一篇介绍数学思想的文章，其做的阅读笔记如下：

例：扑克牌游戏

小明背对小亮，让小亮按下列四个步骤操作：第一步，分发左、中、右三堆牌，每堆牌不少于两张，且各堆牌现有的张数相同；第二步，从左边一堆拿出两张，放入中间一堆；第三步，从右边一堆拿出一张，放入中间一堆；第四步，左边一堆有几张牌，就从中间一堆拿几张牌放入左边一堆。这时，小明准确说出了中间一堆牌现有的张数，你认为中间一堆牌现有的张数是________。

解析：本题初看上去过程比较复杂。若用字母表示出第一步后每堆牌的张数，列代数式并化简，很快能得到结果。设第一步后每堆牌的张数为x，则第四步后中间一堆牌的张数是$x+2+1-(x-2)=5$。

体会：代数思想，就是用字母表示数，用含有字母的式子表示现实生活中的数量关系，从而利于我们对问题的解答，使我们从算术跨进了代数的大门。这是非常有用的一种解题思想。

最后，开拓思路

我们做阅读笔记是为了开拓思路，读、写、思三者相结合，发展我们的思维能力，包括发散思维、聚合思维等，以及归纳分析能力、创新能力等。

例如，一位同学在一份数学报纸上看到一道题目，觉得这道题目的解题思路对自己很有启发意义，就做了阅读比较，我们来看一下：

例题：某中学为美化环境，计划在校园的广场用$30m^2$的草皮铺设一块一边长为10m的等腰三角形绿地，请你求出这个等腰三角形绿地的另两边长。

解析：在等腰$\triangle ABC$中，设$AB=10m$，作$CD\perp AB$于D，由$S_{\triangle ABC}=\frac{1}{2}\times AB\cdot CD=30$，可得$CD=6m$。如下图，当$AB$为底边时，$AD=DB=5m$，所以$AC=BC=\sqrt{CD^2+AD^2}=\sqrt{61}$（m）。

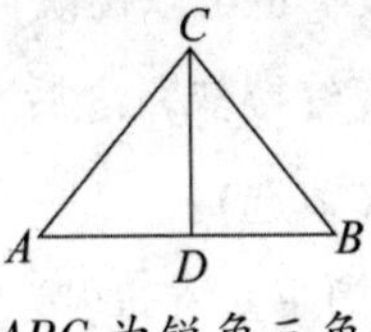

如下图，当AB为腰且$\triangle ABC$为锐角三角形时，

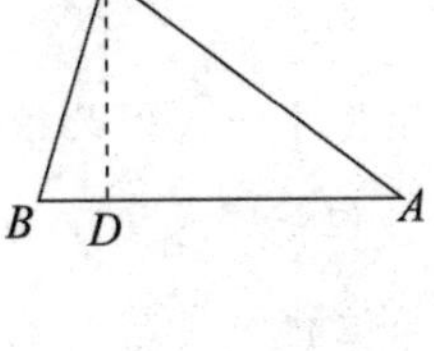

$AB=AC=10\text{m}$，所以 $AD=\sqrt{AC^2-CD^2}=8$（m），

$BD=2\text{m}$，$BC=\sqrt{CD^2+BD^2}=2\sqrt{10}$（m）。

如下图，当 AB 为腰且△ABC 为钝角三角形时，

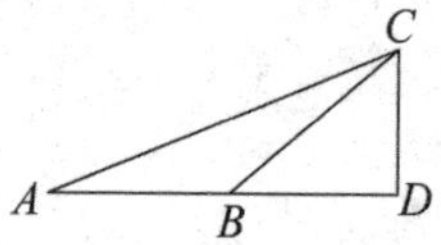

$AB=BC=10\text{m}$，$BD=\sqrt{BC^2-CD^2}=8$（m），

所以 $AD=18\text{m}$，$AC=\sqrt{CD^2+AD^2}=6\sqrt{10}$（m）。

体会：①三角形的高是由三角形的形状决定的，对于等腰三角形，当顶角是锐角时，腰上的高在三角形内；当顶角是钝角时，腰上的高在三角形外。

②注意分类讨论的思想。

四、阅读笔记的重点内容

同学们，在阅读课外学习材料时，你们知道哪些内容应该作为笔记的重点吗？阅读笔记的内容可以是阅读材料的重点、要点，可以摘抄一些优美的词句，可以是对作者的行文思路的揣摩、体会，可以对作品中的人物有自己的大胆想象，写篇后续，也可以畅谈自己读后的感想等。

例如，一位同学在读过《红楼梦》之后，对林黛玉进行了一次性格分析，我们来看一下他的笔记（节选）：

“桃李明年能再发，明年闺中知有谁？”“明年花发虽可啄，却不道人去梁空巢已倾”“侬今葬花人笑痴，他年葬侬知是谁？”“一朝春尽红颜老，花落人亡两不知。”

林黛玉自小聪明秀丽，颇具才华，因此很受父母的宠爱，这就形成了她日后“孤芳自赏”的性格，但是寄人篱下的生活，使她性格中又添了一份自卑的心理，而这种自卑与她的“自赏”就不可避免地发生强烈的内心

冲突，于是她就常常处在这种矛盾的煎熬之中。

心境忧郁、敏感多疑，是她性格的主要特点。这种性格的形成和她的处境有很大的关系。她自幼失去双亲，寄人篱下。虽然吃穿不愁，但总不像在自己父母跟前那样可以随心所欲。长期的压抑，使她形成了多愁善感的性格。

因此她对事物阴暗的一面、消极的一面、悲观的一面十分敏感。如：看见宝钗在母亲面前撒娇就想到自己孤苦伶仃寄人篱下的身世，看见花开花落就想到“他年葬侬知是谁”，因此常常一个人对月叹息，临窗流泪。若遇到不顺心的事就更是郁郁寡欢，整日以泪洗面。

“随花飞到天尽头，天尽头，何处有香丘？”“质本洁来还洁去，不教污淖陷渠沟”“尔今死去侬收葬，未卜侬身何日丧？”

贾宝玉是林黛玉唯一的意中人，但是封建的伦理纲常又使她无法实现自己的梦想，再加上在她和宝玉之间又插进一个有钱有势、又善于笼络人心的薛宝钗，由于黛玉本性多疑，所以她更是常常使性怄气，自己折磨自己。

黛玉因为常年处在郁闷寡欢中，多思多虑又使她严重失眠，在这样的状态下，她怎么可能不痛苦呢？到最后传出宝玉要娶薛宝钗时，她的精神终于彻底瓦解，连躯体也崩溃了。

此外，还有个重要的内容就是对不理解的地方做下笔记，请教老师或同学，寻求指导。比如看英语报刊时，不理解的句子、语法，数学参考资料中不明白的解题思路等都是应该随时记下的知识。

例如，我们看一位同学在阅读一份英语报纸时所做的笔记：

(1) The powder is made ________ fish, blood and bones. (of / from)

(2) The UK is made up ________ four countries. (of / from)

补充知识点：be made up of 由……组成；be made from 由……制造

五、阅读笔记的作用

同学们，我们阅读课外的一些报刊、杂志时，需要做阅读比较，那么，你们知道阅读笔记究竟有什么作用吗？

（一）做阅读笔记使我们注意力集中

做阅读笔记的过程要求我们保持一种注意力集中的状态，从而高效地阅读并把握其意义。因此阅读笔记可以引导注意，使我们注意力集中，从不同程度上促进知识的获得、贮存以及利用。

（二）做阅读笔记帮助记忆

心理学家认为，我们可以借助笔记明确重点，有实验表明，在学习者笔记里的材料被回忆起来的可能性为不在笔记里的材料的两倍。同学们可能会对这个结论不太相信，那么，我们可以做个小实验，例如，阅读长度相似的两篇英语课外文章，对其中一篇认真做阅读比较，另外一篇只是阅读，不做笔记，然后，回忆这两篇文章所学到的知识，有没有什么差别呢？同学们可以试一下。

（三）做阅读笔记使我们加深对知识的理解

阅读笔记能有效地控制自己对知识的理解过程，还有助于我们发现新知识的内在联系和建立新旧知识之间的联系，从而主动把握对知识的理解，并且有利于对新知识的应用。

例如，一位同学在物理课堂上学过物体热胀冷缩的性质后，在一份杂志上看到一篇相关日常生活的文章，就做了阅读笔记，加深了自己对热胀冷缩这个知识点的理解。下面，我们来看一下这位同学的笔记：

日常现象：把煮熟捞起的鸡蛋立刻浸入冷水中，待完全冷却后，再捞起剥皮，发现鸡蛋皮很容易剥落。

原因分析：首先，鸡蛋刚浸入冷水中，蛋壳直接遇冷收缩，而蛋白温度下降不大，收缩也较小，这时主要表现为蛋壳在收缩。其次，由于不同物质热胀冷缩性质的差异性，当整个蛋都完全冷却时，组织疏松的蛋白收缩率比蛋壳大，收缩程度更明显，造成蛋白蛋壳相互脱离，剥蛋壳就更方便了。

（四）阅读笔记有助于积累资料

读的东西多了，写成笔记，使用时十分方便，可以迅速找到所需的资料。历史学家吴晗一生中积累了上万张卡片，在做报告写文章时，可以很快找到需要的资料。而长期的阅读笔记积累的素材可以使我们写作时文思泉涌下笔如神，特别是对于我们中学生来说，由于生活经验、阅历有限，利用阅读笔记来积累资料就更有必要了。

许多名家名著也是在做读书笔记的基础上完成的，比如顾炎武的《日知录》、钱钟书的《管锥编》等，可见读写结合的重要作用，而阅读笔记则是贯通读书和写作的桥梁。

（五）阅读笔记也是与作者沟通的一种方式

我们敞开心扉，感受作者带来的经历和思想，与作品进行心灵对话，我们的身心也将受到陶冶和滋润。

下面，我们看一位同学的阅读笔记：

不为一朵花停留太久

在你的旅途上，孩子，会有许多你没有见过的鲜花开在路边。它们守在溪流的旁边，在风中唱歌跳舞。

不要忽略它们，孩子，我们的眼睛永远不要忽略掉美。你要欣赏它们的身姿和歌声，你要因为它们而感到生活的美好。不管你的旅途多么遥远，不管你的道路如何艰险，你都要和鲜花交谈，哪怕只用你喝点水、洗把脸的时间。

不要看不见满径的鲜花。但我要告诉你，当你沉浸在花香中的时候，不要忘记赶路，不要为一朵花停留太久。

你只是一个过路的人，孩子。你要去的是前方，你的旅途依旧漫长，你的鞋子依然完整，你的双眼依然有神，你属于远方，而不是这里。

不为一朵花停留太久。相信这条路的前头还有千朵万朵花在等你。你要知道自己究竟要去哪里，在你没到之前，孩子，不要为一朵花停住脚步。

你去的地方是远方，孩子，你要知道，那是很远、很远的地方。

（六）做阅读笔记是主动学习的一种体现

阅读笔记帮助我们成为学习的主人。选择自己喜欢的书，一方面可以扩大知识面，另一方面，在做阅读笔记的过程中，促进我们思考，锻炼我们的欣赏辨别能力、感悟能力、思维能力以及创造能力。这样，学习就真正建立在了自主探索的基础上，达到了自主学习的目的。

（七）阅读笔记还是提高我们读写能力的一个有效途径

通过大量的阅读以及相应的阅读笔记，读、想、写结合，可以使我们快速把握阅读材料的内涵和结构，并用简明达义的语言提炼出来，同时，可以对原文中的妙句进行学习借鉴，这对提高我们的语言技巧、阅读技能、概括能力以及写作能力等，都有很大益处。

（八）做阅读笔记还可以帮助人格的健全发展

研究表明，坚持做笔记对学习者思维的条理性、逻辑性，对个体的意志力和统筹兼顾的人格特点有促进作用。这对我们发展积极健全的人格有很大好处，使我们具备那些成功者拥有的品质，帮助我们为日后的成功奠定一部分性格因素。

最后，这些留在纸张上的思想和文字，每当你拿出来翻阅，都会回忆起当时学习的愉快体验，或是对知识的如饥似渴、孜孜不倦，或是当时的生活情景，并且每次总会有新的收获，常读常新。

六、阅读笔记的形式

同学们，老师经常提醒我们课外阅读要做阅读笔记，我们自己有时也会随意地记下一些自己感兴趣的阅读内容或思考，那么，你们有没有认真思考过具体的阅读笔记常会有哪几种形式呢？下面，我们来具体看看阅读笔记都可以采用哪些方式。

（一）索引式

学习者把自己阅读的书名、作者、出版社名称等总汇起来，编成索引。写明文章题目、作者、出处以及刊发时间等。这样便于日后查找原始资料，并且体现了对别人劳动成果和知识产权的尊重，养成这个好习惯，对我们以后写论文也有好处的。

例如，一位同学在阅读了一篇课外读物之后，认为对自己的人际交往有很大的启发作用，于是就把文章的来源做成了索引，以便于日后查找：

《人性的弱点》.［美］戴尔.卡内基.中国发展出版社：《善于从他人角度考虑问题》. p180.

（二）提纲式

采用纲要目录的形式将一本书或一篇文章、一个章节的主要内容提纲挈领地记下来，可以按原文的章节，段落层次，也可以是按一定的思路重新整理归纳后的纲领，也可以用图表来表示内容结构之间的联系，形成结构图。在阅读时常做这样的提纲式记录，能帮助我们更深入地理解文章的主要内容及其中心思想，还可以帮助我们提高剖析文章、对材料的组织和概括能力。

（三）做符号式

这是最常用的阅读笔记形式。在日常读书看报的时候，如果遇到精彩之处或对自己有用的句子，我们都可以用各种符号将要点、难点、疑点等标出来，这样，下一次再看的时候就比较有目的性了。常用的符号有：在文字下方圈点、打叉、划单线、双线、直线、波浪线，小三角（△）也是较常用的符号之一；在自己不大明白的地方，则可以用红笔打一个问号（?），便于之后向别人请教或自己查询。

例如，一位同学在参考资料上看到一道数学题目之后，不是非常理解，就做了很多符号，以便于自己以后的思考：

例题：某公园要建造一个圆形的喷水池，在水池中央垂直于水面竖一根柱子，上面的 A 处安装一个喷头向外喷水。连喷头在内，柱高为 0.8m。水流在各个方向上沿形状相同的抛物线路径落下，如图（1）所示。

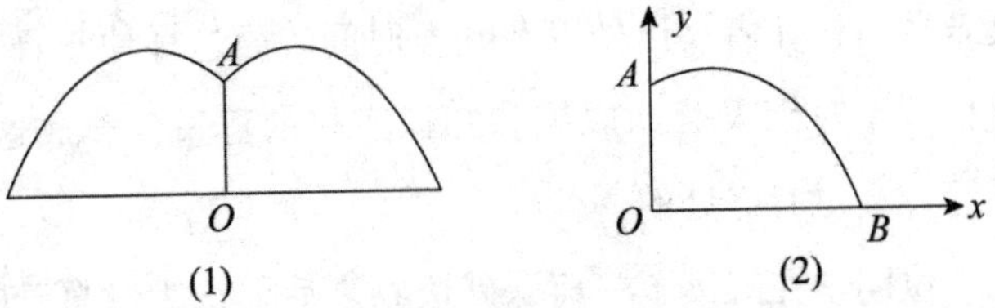

根据设计图纸已知：如图（2）中所示直角坐标系中，水流喷出的高度 y（m）与水平距离 x（m）之间的函数关系式是 $y=-x^2+2x+\frac{4}{5}$ （?）

（1）喷出的水流距水平面的最大高度是多少？

（2）如果不计其他的因素，那么水池至少为多少时，才能使喷出的水流都落在水池内？

解题思路：

（1）喷出的水流距水平面的最大高度可以转化为求函数 $y=-x^2+2x+\frac{4}{5}$ 的最大值。

那么，$y=-(x-1)^2+1.8$

当 $x=1$ 时，y 取最大值 1.8。

（2）问题（2）可以转化为求图（2）B 点的横坐标；

由图（2）可知，B 点所对应的 y 值为 0，那么，可转化为求方程 $x^2+2x+\frac{4}{5}=0$ 的解，并且 $x>0$。

此外，叹号表示句子表达的精彩，双线表示重点等等。对于这些符号各自代表的意义应保持前后一致，形成个人风格，在日后翻阅时也要清楚明了它们各自的意义。这些符号是对材料进行思考、分析、综合的过程，又可为日后复读、翻阅作提示。

（四）抄录原文式

读书过程中，同学们常会发现一些自己非常喜欢的优美词句、名言警句、公式、数据、范例、典故等，那就把它记下来吧。但“好记性不如烂笔头”，又或者，这书不是自己而要还人的，那么，记住它们的最好方法就是把它们抄下来。它不仅能提高同学们的欣赏审美能力，更重要的是积累了作文的素材，方便自己运用。

所以，建议同学们可以自备一本摘录本，专门摘录自己喜欢的好词佳句、公式、范例等。当然，摘录是“多多益善”，不过，还是需要“精益求精”！如果所摘录的原文过于冗长和繁琐，为了节省时间和篇幅，可以简略地写清原文的意思，进行缩写。

例如，我们看下面一位同学的阅读笔记，该同学采用的是摘抄原文的方法：

给帮过自己的人一份礼物

你会在某一天踩着满地阳光到达目的地。孩子，只要你的身体里流着奔腾的热血，只要你举着火把吓退野兽，你就早晚会抵达那个你想要去的地方。那是远方，那是幸福之乡。

就在你打点行装，准备返回的时候，我要对你说，孩子，别忘了为那些帮过你的人准备一份礼物。

你要记住在旅途上你喝过别人给你舀来的泉水；你吃过别人给你送上的食物；你听过一位姑娘的歌声；你问过一个孩子的路；你在一间猎人的小屋中度过一个漫漫黑夜。要记住他们，孩子，你要记住这些人的声音、容貌。在你返回前，你要为他们准备好礼物。

你要把几块丝绸、几块好看的石头细心地包好。你要给姑娘准备好鲜花；你要给老人准备好烟丝；你要想着那些调皮的孩子，他们的礼物最好找也最难找。

这些就足够足够了。再带上你在路上看过的风景、听过的故事，再带上你的经历和感触，在燃着火的炉边，讲给他们听。

告诉缺水的人们前头哪里有水，告诉生病的人哪种草药可以治病，把你这一路的经验告诉他们，把前方哪里有弯路告诉他们。

这些都是最好的礼物。

不要忘了给帮过自己的人准备一份礼物，孩子，只有这样，你的这次远行才算没有白走。

此外，为以后查找原文方便，同学在摘录完之后，最好在句子最右边写上“摘自”两字，后面接着注明作者、书名（文章名）、出版社、出版时间、版次及页码等。

（五）纠错式

我们在阅读时，对书中的错误，包括错误的观点和不当的事实等以笔记的形式改正，这样不仅可以提高自己的学习效率，还可以培养自己的阅读兴趣。

例如，一位同学在一篇课外文章中看到这样一句话“他对于我笑了笑”，认为作者没有把介词“对”和“对于”区分开来，于是他就查找资料，认真对二者进行了区分，以便于加深自己对这两个词的理解。我们来看一下这位同学的笔记：

[“对”和“对于”的区分]

“对”和“对于”都是表示对象的介词，在实际运用中常常用错，怎样区别并正确使用“对”和“对于”呢？一般地说，凡是可以用“对于”的地方，都可以用“对”；但是有的用“对”的地方不能用“对于”。大致在如下几方面是这样：

一、表示人与人之间或人与事物之间的对待关系时，只能用“对”，不能用“对于”。

如：他对我很热情（√）　他对于我很热情（×）

对党忠诚老实。(√)　对于党忠诚老实。(×)

二、相当于“跟”和“朝”、“向”的意思时只能用“对”，不能用“对于”。

如：我对他说过了。(√)　我对于他说过了。(×)

他对我笑了笑。(√)　他对于我笑了笑。(×)

不对困难低头。(√)　不对于困难低头。(×)

(六) 评荐式

在阅读后，觉得文章精彩，有深刻意义和价值，我们可以写出评论，推荐他人阅读，形成共同学习、相互交流的良好学习氛围。在班级中，我们可以几个人组成一个小组，相互交流、推荐自己喜欢的阅读书籍。

(七) 比较式

我们可以针对同一问题，阅读多本书或文章，把所看到的对该问题陈述的事实和发表的观点予以归纳总结，比较评判后写出评论或自己的观点。这样不仅可以使自己的思路更加清晰，还有利于自己以后的复习。

(八) 阙疑式

就是把我们阅读过程中感到不理解、不明白，或有歧义的地方记录下来，以备以后与他人讨论或请教。这不仅可以扩大自己的视野和知识面，还可以锻炼自己的思维。

(九) 卡片式

这是读书笔记中最为小巧灵活的一种方式。卡片用较厚的纸张按一定的规格裁制，不必装订。可用于集中地摘记同一著作或同一专题的资料；也可用于分别地积累各种书文中的资料，然后再归类保存，以备取用。据载，鲁迅先生写《中国小说史略》，记了5000张卡片。

这种方式对我们中学生也非常实用。我们可以在小卡片上记载名言警句、单词短语、语法知识、公式定律和心得感悟等，卡片简小轻便，可以随时随地拿出来学习，也有利于提高同学们的学习兴趣。

（十）评点式

这是对唐宋以来的诗文评点，明清以来的小说评点的传承。我们既可以在所读书文的首尾、章节的前后、段落左右的空白地方、字里行间加以简明的批注、评说，如“妙极了”、“用得好”、“我赞同”之类，又可用各种符号在紧要处、精彩处用不同颜色的笔来圈画、点染。

批注的内容很灵活，可以是对词义的理解、句义的分析、段义的概括，和表现手法的说明，也可以是由此及彼的联想等等。批注比较方便易行，可以边读边记。

（十一）心得感悟式

心得感悟式也叫读后感式。它是一种比较正规的笔记形式。学习者将自己阅读后的体会、感悟、反思、启发、收获等，用自己的语言写成文章、札记、随笔，也可以适当引用原文的句子，采用夹叙夹议法等。写法上不拘长短，有感而发即可。

当然，每个人的感受可以不尽相同，“一千个读者就有一千个哈姆雷特”，我们每个人都可以从自己独特的视角对所读作品发表见解，重点是自己的见解和观点，一定要写出自己的感悟。

随着高科技技术的普及，阅读笔记的各种传统方式都可借用电脑、录音笔、数码相机等现代媒介，变得更为方便、快捷，但是它们不能取代我们的主动性，而是作为一种服务手段，为我们所用。

七、阅读笔记与课堂笔记相得益彰

阅读笔记与课堂笔记的关系究竟如何呢？课堂笔记主要是针对要求我们掌握的知识和技能所做的记录，而阅读笔记更多的是我们的兴趣爱好，是对课堂知识的扩充，因此阅读笔记是课堂笔记的辅助与扩展，课堂笔记则为阅读笔记的内容指明了一定的方向，此二者相辅相成，相得益彰。如果能将两者很好地结合利用，我们一定受益匪浅。

下面我们来看一位2008年考入清华大学的王×同学讲述他有关做笔记的亲身经历：

我常见到不少学生，特别是一些新同学，在课堂上一个劲儿地记笔记，教师讲什么他就记什么，教师在黑板上写什么，他也写什么，一堂课下来笔记记得很多，人也很累。我还发现这些学生的笔记，下课后一般都无法进一步整理。

他们中间虽然不少人很用功，但学习效果往往很差，因为他们在课堂上光忙着记笔记去了，没有注意听讲，没有积极地去思考问题、弄懂问题。他们的学习方法，就叫做上课记笔记、下课看笔记、考试背笔记。我上学也这样干过，效果很不好。

后来，我向一位学得好的同学去请教，那位同学说，你不要这样上课光忙看记笔记，你坐在那里首先要仔细地听，教师问什么问题，你就动什么脑筋，真正听懂了，你就记，如果没听懂，你就不要忙着记。我照这个同学讲的办法去试了一试，开头还好，后来觉得还是不行。

我又再去问这位同学记笔记还有什么诀窍？他说还有一条，上次没告诉你，每次下课时，你不要跟一般同学一样，站起身来就跑了。你不要走，下课后，要先好好地想一想，这堂课教师讲了些什么问题，它有几层意思，每层意思的中心思想是什么。这样静静地用不到一分钟的时间去思考一下，可以巩固你一堂课听的内容。

当然，这样还不够，每天晚上，你还要根据课堂上听到的和下课后想到的，写出一个摘要来，大概一堂课不超过一页吧，这一步很重要。以后，我就照他讲的去做，确实效果不错。

相关链接

著名教育家陶行知先生曾向青年推荐读书的十大“秘诀”：

一序，由浅入深，循序渐进；

二勤，业精于勤，荒于嬉；

三恒，持之以恒，锲而不舍；

四博，从精出发，博览群书；

五问，不耻下问；

六记，多动笔墨，多做笔记；

七习，温故而知新；

八专，专心致志，专一博广；

九思，多加思考，学会运用；

十创，触类旁通，敢于创新。

第三章 笔路狂奔——速记

同学们，我们很多人都很喜欢看《我的青春谁做主》这部电视剧，不知你们有没有注意到，钱小样曾下苦功学习一门技术——速记，这门技术也为她的职业发展道路起了重要作用。那么，你们知道什么是速记吗？它对我们做笔记又有什么帮助呢？下面就让我们共同来了解这些知识。

第一节 速记ABC

你是否有过这样的经历：

在听课时，有许多精彩的内容，自己还没来得及记录，老师已经切换了主题；碰到难题精讲，虽然课上听懂了，但因为没有快速做些记录，课后没有笔记可供参考，难题依然不会做。

在读书时，碰到许多令你心动的文字，想要摘抄下来，但因抽不出大量的时间抄写而万分痛苦；在写作文、写日记，或是创作文学时，正思如泉涌，但因写得太慢而使灵感之光稍纵即逝；

……

类似的尴尬情境还有很多，那么，你可能会想，怎么样才能减少或避免这样的情况呢？在这一章中，我们将介绍一种有效的工具——速记，如果你学过速记，或是多少懂些速记的方法，这样的问题一定会迎刃而解。

速记是一种快速记录语言和思维的高效实用技术。学习速记，有着重要的意义和价值，它能为我们节省出更多宝贵的时间，也能帮我们提高学习效率，使我们的笔记更简洁高效。下面，就让我们认识一下，什么是速记？速记对我们日常学习和生活有哪些用途？速记的发展有哪些名人轶事？现代科技的发展，速记是否会退出历史的舞台？现在请保持你的好奇心，带上这一系列问题，走近速记，也让速记更好地走进我们的学习和生活。

一、什么是速记

“速记”一词，顾名思义，是快速记录的意思，即用“快”的速度“记录”语言。或者说，速记是人们用简单、系统而有规律的符号及各种有规则的缩略方法，来快速记录语言和思维的高效实用技术。

在日常工作、学习和生活中，人们时常埋怨自己写得太慢，没有办法把听到的东西立即完整地记录下来。其实你写得不一定很慢，而是因为对方讲得太快，写和说不同步。

以汉语为例，一般情况下，讲话的速度，大约每分钟有160个字，而汉字的书写速度，一般每分钟只有30~40个字，两者之间有一个很大的差距，如果想用汉字把讲话的内容全部记录下来，那是无能为力的，解决这个矛盾的有效方法是使用速记。速记的人一般每分钟都能写80~120个字，以这种速度记录讲话、报告，处理日常工作事务，基本上能够满足需要；一些经过较长时间的速记训练和应用的人员，每分钟可书写200个字左右，能够一字不漏地记录讲话、报告乃至播音内容。可见速记有着“神奇”的功能。

速记的特点就是快，速度是速记的灵魂。速记的基本原理，就是采用简便的符号和缩写法则，迅速详尽地记录人类语言，使稍纵即逝的语言能够用简便的符号再现出来，扩大语言交际的作用。速记就是以这一独特的性能，解决文字所不能解决的问题，完成文字所难以完成的任务。

笔记速记，就是在做笔记过程中，运用速记的方法和原理，从而达到快速记录和高效学习的目的。当前，世界已进入信息时代，无论是在上课，还是读书看报，或是参与各项活动，我们都在不停地接收海量的信息。如何把这些信息迅速地记录下来，扩充自己的知识量，并为以后复习和巩固学习提供依据，这就需要我们了解一些速记常识，掌握一些快速做笔记的好方法。

二、与速记有关的趣事

（一）神话故事

有人说，我国最早的速记符号可以说是周代初期的著名军事家太公望创制的，其根据是太公望创制的“阴符”就是长短不等的线条符号，而速记符号也是一些长短不等的线条符号，因此说“阴符”也是“速符”。

这种说法是牵强附会的。太公望即《封神演义》上常说的那位太公姜子牙。他创制的“阴符”实际上是军队秘密通信的暗码。这些暗码均是直线符和曲线符，是一种较为简便的秘密通信手段。使用者事先制造一套长短不等、曲直线的“阴符”，每个符号都代表一定的意义，只为通信双方知道。在战争过程中，收符者根据收到符号的长短、形状，即可明白统帅部的意图。姜太公创制的“阴符”一共有八级：

一级，大胜克敌之符，长一尺；

二级，破阵擒将之符，长九寸；

三级，阵城得邑之符，长八寸；

四级，却敌极远之符，长七寸；

五级，警众坚守之符，长六寸；

六级，请粮益民之符，长五寸；

七级，败军亡将之符，长四寸；

八级，失利亡士之符，长三寸。

后来，在这八级阴符基础上，发展成虎符、兵符、令箭、金牌、符节，使之能表达更多的内容，这些军事通讯方法，一直沿用到清代末期才被淘汰。

（二）科技轶事

英国科学家李约瑟博士在其所著《中国科学技术史》中的一段记载，转述了巴格达人纳丁在公元988年发表的《科学书目》中记载着伟大的医师和炼丹术士拉齐的一个有趣故事。

据这位著名的医师兼炼丹术士拉齐（公元850～925）叙述，有位中国学者曾经来到巴格达，住了1年左右，他花了5个月的时间，学会了阿拉伯文，确实做到读写通顺。在回国的前一个月，他请求拉齐用最快的速度，把盖伦的16卷著作读给他听写下来。他用的是一种称作“速写”的中国书法进行记录的，记得很快。拉齐起先不相信他会正确地记录下来。后来经过核对，果然完全正确。但是，用这种字体记下以后，要经过整理改写，才能把它变成普通文字，而且要学会这种字体，即使很聪明的人，也要用20年的时间。

这是一个有趣的科技故事，突出介绍了中国的速写方法，我们暂不考虑故事是否可考，它对我们研究速记可能会有所启发。

（三）爱情故事

宋代许多诗人、词人用一些圈圈符号写一些爱慕之情的诗词句。如宋代著名女词人朱淑贞（浙江宁海人），就用圈圈符号给她丈夫写信，当时她丈夫在外地经商。她的信，采用的是“词”的形式。现抄录如下：

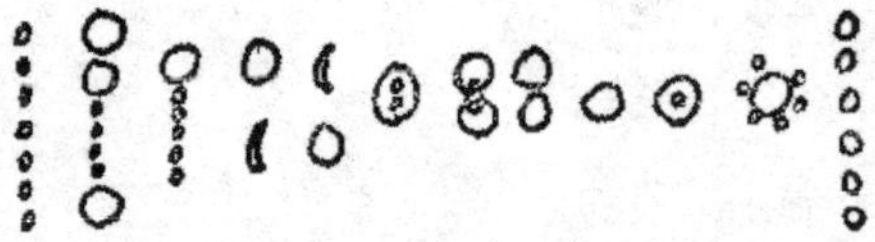

其意是：“（右起）相思欲寄无从寄，画几个圈儿来代替；话在圈儿外，心在圈儿里，单圈是我，双圈是你。你心中有我，我心中有你，月缺了会圆，月圆了会缺，我密密加圈，你密密知我意，还有那说不尽的相思

情，只好一路圈到底。”

直至清代，有些在海外谋生的人，往家里写信时，也经常采用一些曲直线条和圈形符号。这不是为了速记使用，而是因为他们没有文化，不会写信，只好画一些线条，好让家人领会其意思。比如：画条竖直线，表示身体好，能挣钱；画个大圆圈儿表示挣到钱了；画个大元宝，表示发财了；画条横直线，表示生病了，挣不到钱了。

这些圈形符号和线形符号，是速记中采用的符形，但严格上说，不能说是“速记”或“速记的影子”。不过在学习和研究速记的过程中，了解这些符号形状的特殊含义，或许能对我们学习速记有借鉴意义。

（四）口授笔录

口授记录是众多领导和作家的偏爱，无论政界要人还是企业精英，他们的很多指示和构思都是神来之笔，随想、随说、随记使他们思路顺畅，因此有速录人员在身边无疑解决了很大的问题。

在国外，口授笔录的书稿是屡见不鲜的。苏联作家西蒙诺夫的《日日夜夜》，就是由速记员记录整理而成的。美国进步作家安娜·路易斯·斯特朗的许多作品，也是借助速记人员之手形成的结晶。俄国的托尔斯泰和陀思妥耶夫斯基都是善于利用速记人员的配合，写出大量作品的伟大作家。

英国的多产女作家巴巴拉·卡兰特就常与会速记的女秘书合作进行创作，她曾用14天左右的时间，写完一本10万字的小说。我国出版的陈士和与张寿臣的民间文学作品《聊斋评书》和《单口相声集》等等，也都是由大量速记稿整理而成。还可以用速记写回忆录，如《丘吉尔回忆录》《卓别林自传》《蝙蝠》等，都是经过速记记录整理出版的。

（五）现代速记

采用简单符号记录汉语言的速记，在我国已有一百多年的历史。我国第一本速记书是《传音快写》，作者蔡锡勇。他在美国华盛顿工作期间，发现一种“快字”（即速记），能详尽地记录讲话。回国后他便参照美国的速记方法，结合汉语规律写成了《传音快写》一书，于1896年（清光绪二十二年）在武昌出版。之后速记在我国得到快速的发展，中国共产党在1927年召开“五大”时，就运用速记记录了大会发言和领导同志的重要讲话，这些珍贵的速记稿，至今还保存在中央档案馆里。

相关链接

学习速记的秘诀

速记是一种实用性很强的技术，同时也是一种脑、手、眼、耳并用的复杂的活动。学习速记与学习其他学科一样，要端正学习态度，明确学习目的，讲究学习方法。只有这样，我们才能更好地学会速记，并将速记应用于我们的日常学习、生活中去，给我们的学习尤其是记笔记提供很多便利。那么，怎样才能学好速记呢？

首先，要熟悉速记知识

要掌握速记的一些基本理论、常用的缩略方法、基本缩写略写符号，以及一些汉语语言结构与语法运用的基本规律。这些都需要平时的积累、总结和归纳。

其次，要勤于练习

有人问：学习速记有什么秘诀？答案就是练习、练习、再练习！这是真正学好速记的关键。要集中注意力，对所学的速记符号和方法反复地书写和应用，这样才能印象深刻，在速记时，做到游刃有余。

认识速符的过程也是熟练掌握速记的过程，要经常默读、朗读自己写的速符，复习和阅读笔记，观察自己的快速书写是否符合要求，是否容易辨认，并加以修改。要熟悉自己的笔迹，提高阅读速符的能力，不仅有助于笔记的整理，还有助于提高自己的速写质量。

学习速记时，可以结合听力训练，先练习一些慢速的语句，等到速记符号熟悉了，反应快了，再逐步加快记写听力材料的速度，循序渐进地进行练习。刚开始做听写训练，会比较慢并且会很吃力，这是很正常的，不要心急，练习的多了，熟能生巧，书写的速度自然会提高。

平时还要坚持随时随地地练习速记。这种练习并不需要纸和笔，而是用手指默写。比如在开小组会时、听广播时、乘公共汽车时、看电影时、听讲座和对话时，用手在桌上或是心里练习书写，可以说是时时处处都可以练习速记，提高书写速度。

第三，要循序渐进，持之以恒

学习速记，不能急于求成，盲目求快。速记并不难学，拼音速记和一些简略的符号速记和缩略方法，都很通俗易懂，易学易用，行草书的基本原理也很简单，但要想达到很快的记录速度，和高质量的速记笔记，必须持之以恒地进行练习。三天打鱼两天晒网，是学不好速记的，只有长期的坚持训练和应用，才能使速记得心应手。

第四，自创速符，活学活用

可以根据已有的知识水平和自己书写语言汉字的习惯，创造性地使用缩略符号。速记是一种应用技术，贵在应用。要随时注意收集学习中经常遇见的词和短语，依据语言的基本规律和速记符号构成的基本原理，自行创制一些略符，以适应不同学科不同笔记中文字记录的特点，做到有备无患。

第五，速记的禁区

学习速记主要是为了帮助我们提高书写的速度，从而节省出更多的学习时间，可以用于记笔记，用于非正式的交流，需要着重强调的是，速记的使用是有限制的，在正规的场合，如考试、交作业或将速记稿整理成正式稿件时，要维护汉字的规范化，按国家颁布的汉字使用标准进行书写，严禁使用不规范的字体和速记符号，唯有这样，才是真正发挥了汉字速记的作用，也是对自己负责，对学习尊重的重要表现。

第二节　速记小精灵——速记方法

学习速记，要遵循循序渐进的原则，首先从字、词、词组、短语开始学起，在了解和熟悉速记的方法原理后，再进行语句、语篇的速写练习，继而学习快速听写以及边读边写边翻译的技巧等。

本节抓住了这条认知发展的脉络，以字词、词组、短语、语句的速写为主线，结合两种主要的速记方法——缩略法和替代法，综合介绍了速记的原理和方法。本节的内容比较多，是速记的基础，又是速记的重点难点，是笔记速记的核心。学习本节，希望同学们能把握速记的各种规律，在做笔记时将其灵活运用，真正达到快速书写、高效做笔记的目的。

一、字、词、短语的略写法

略写法，是一种重要的速记方法，是将复杂的汉字、词组、短语、熟语，用简单的拼音字母、数字、偏旁部首和不规则的符号等，简略书写的方法。

在略写法中，我们通常只需要写出字词的一部分部件或短语的一两个汉字，其余部分用简单的字母、数字、部首、横线等代替，或是干脆省略不写。用略写法记录文字，能大大地提高书写的速度。

（一）字词的略写

汉语是世界上使用人口最多的语言，汉字也是世界上最古老的文字之一，从目前我们能看到的最早的成批的文字资料——商代甲骨文字算起，中国汉字至少有3000年的历史。

汉字在形体上逐渐由图形变为由笔画构成的方块形符号，所以汉字一般也叫“方块字”。它由象形文字（表形文字）演变成兼表音义的意音文字，但总的体系仍属表意文字。所以，汉字具有集形象、声音和辞义三者于一体的特性。这一特性在世界文字中是独一无二的，它具有独特的魅力。

词是由语素组成的最小的造句单位。通常我们所说的每一句话，都是由词作为基本单位构成的。了解一些高频字词的略写法，能有效提高做笔记的速度，从而提高学习的效率。

1. 用拼音符号替代

对于汉语中最为常用的高频汉字，可用其汉语拼音的第一个字母或缩略符号来代替。如：

是——s	和——h	的——d	有——y	新——x
或——/	和——&	我——I	他——T	新——new

有的笔画非常简单的高频汉字，如“一、二、三、七、十、了、不、大、小、下、上、人、个、之、工、干、土、乙、飞、水”等，可以不用拼音字母来代替，直接写出汉字即可。

应用举例：

(1) 在中国共产党的领导下。

z CPC d 领/下。(CPC 是“中国共产党”的简称)

(2) 只有社会主义才能救中国。

只 y 礻义才 n 救 cn。(cn 在网络域名中指代“中国”)

2. 使用简化字和异体字

汉字笔画的繁复是快速记录中的一大难题，为了适应快速书写的需要，针对未简化的、较常用的繁体字，可利用简化字或简单异体字替代。

简化字是针对繁体字而言的，使用简化字主要是用结构简单的字体代替构造复杂的繁体字，从而达到快速书写的效果。学习简化字，应以中国文字改革委员会编印的《简化字总表》为国家标准，并坚持贯彻执行。由于我国大部分地区使用的字体一般都是简化字，因此这里就不再赘述。

有些字有几种不同的形体，我们通常把国家规定的标准的字体叫做正体，其他的都是异体。通常所指异体字是指字形相同，字音或字义完全相同或部分相同的汉字。使用异体字，主要是为了方便书写和记忆，提高书写速度。同时在我们的日常生活中，可以不断地创造新的异体字。例如：

菜——芽	信——仪	雄——厷	面——百
演——浐	冀——北	建——处	勤——劥
影——形	餐——歺	器——吅	壤——址
街——亍	藏——芠	原——厊	量——另
儒——仈	糖——粇	整——歪	播——抪
漆——沏	璃——玏	酒——氿	零——0

一个人做笔记，或者写私信，他写的是什么样的字，谁也无法管。但是写布告或者通知，是叫大家看的，就应该遵守统一的规范。

所以，我们在个人笔记或快速记录的草稿中，可以使用不规范的简化字和异体字，来提高书写速度，但是在正规的场合，如考试、写作业时，应当严格限制使用不规范的字体。

3. 词的略写

在现代汉语中，我们大量使用双音节词和三音节词进行造句，如“细心”、“新鲜”、“经济”、“根本”、“教师”等由两个语素组成的词属于双音节词，“自动化”、“共产党”、“教育者”、“信息员”、“马拉松”等由三个语素组成的词属于三音节词。

词语的略写，主要是根据词语的结构特征，比如叠音词、联绵词、外来词、含有前缀或后缀的词等，采取拼音替代、符号替代、省略的方式，使书写起来更为简便。如：

词＝首字＋字母	规律	规 l	词的省略	但是	但
	争取	争 q		相信	信
	新鲜	新 x		朋友	友
	祖国	祖 g		树木	树
	形式	形 s		河流	河
	社会	社 h		帮助	帮
	根本	根 b		母亲	母
	经济	经 j		智慧	智
	人民	人 m		兔子	兔
	成绩	成 j		花儿	花
叠音词＝首字＋符号	茫茫	茫'	后缀——性、化、者、家	创造性	创 X
	依依	依'		组织性	组 X
	匆匆	匆'		先进性	先 X
	处处	处'		灵活性	灵 X
	潺潺	潺'		可能性	可 X
	皑皑	皑'		大众化	大 h
	轻轻	轻'		自由化	自 h
	翩翩	翩'		工业化	工 h
	纷纷	纷'		现代化	现 h
	岁岁	岁'		规范化	规 h
	悄悄	悄^{2}		劳动者	劳 Z
	往往	往^{2}		教育者	教 Z
	天天	天^{2}		胜利者	胜 Z
	猩猩	猩^{2}		社会工作者	社 Z
	孜孜	孜^{2}		马克思主义者	马 Z
	懒洋洋	懒 y'		科学家	科 J
	红彤彤	红 t'		数学家	数 J
	绿油油	绿 y'		思想家	思 J
	金灿灿	金 c'		行动家	行 J
	毛茸茸	毛 r'		批评家	批 J

（二）词组的略写

词组是指由两个或两个以上的词语按照一定的方式组合而成的语法单位。现代汉语的词组丰富多彩，但并不是杂乱无章的堆积，它的构成是很有规律的，如相叠词组、并列词组、复音词组、关联词组等。速写时，可以根据它们的结构规律，进行适当的缩略和简化，下面将对词组的略写法一一进行介绍。

1. 相叠四音节词组的略写

相叠四音节词组，主要是指有部分音节是重叠的词组，如：

“AABB 式”，指一二音节重叠、三四音节也重叠，如平平安安；

“AABC 式”，指一二音节重叠，三四音节不重叠，如源源不断；

“ABAB 式”，指一三音节相叠，二四音节相叠的词组，如研究研究、讨论讨论等；除此之外，还有“ABCC 式”“ABAC 式”“ABCB 式”“ABCA 式”等等，它们的略写如下所示：

AABB 式	干干净净	干’净’
	高高兴兴	高’兴’
	年年岁岁	年·岁·
	勤勤恳恳	勤·恳·
	明明白白	明·b·
	时时刻刻	时·k·
AABC 式	源源不断	源·不
	井井有条	井·有
ABCC 式	千里迢迢	千迢’
	文质彬彬	文彬’
ABAB 式	讨论讨论	讨论 <
	教育教育	教育 <
ABAC 式	百战百胜	百战 V
	全心全意	全心 V
ABCB 式	应有尽有	应有 L
	就事论事	就事 L
ABCA 式	痛定思痛	痛定 >
	仁者见仁	仁者 >

2. 并列词组的略写

词与词并列构成的并列词组，快速书写时，可以写出第一个汉字，然后在其右上角写出小的阿拉伯数字，就此略去后面呈并列关系的词。

真善美	真3	江河湖海	江4
数理化	数3	琴棋书画	琴4
亚非拉	亚3	工农兵学商	工5
海陆空	海3	路线、方针、政策	路线3
农林牧	农3	语法、逻辑、修辞	语法3
魏蜀吴	魏3	德育、智育、体育	德育3
青红皂白	青4	富强、民主、文明、和谐	富强4
日月星辰	日4	长期共存、互相监督 肝胆相照、荣辱与共	长期共存4

3. 常用复音词组的略写

常用复音词组成的词组，速写时，只取其中两个音节，即第一、第三音节。第一个音节按正常书写字体书写，第二个音节的书写，可以用小的汉字替代，标在第一个汉字右下角，也可以用小写的拼音字母替代，标在第一个字的右上角，也以用特殊的符号或是简单的偏旁部首替代，放在第一个字的右边。下面做个简单的介绍。

(1) 使用小号汉字替代

主义	社会主义	社$_{义}$	国家	农业国家	农$_{国}$
	个人主义	个$_{义}$		工业国家	工$_{国}$
	教条主义	教$_{义}$		社会主义国家	社$_{国}$
	浪漫主义	浪$_{义}$	制度	规章制度	规$_{制}$
	马克思主义	马$_{义}$		社会制度	社$_{制}$
	右倾机会主义	右$_{义}$		考试制度	考$_{制}$
国家	欧洲国家	欧$_{国}$		监察制度	监$_{制}$
	发达国家	发$^{d}_{国}$		社会主义制度	社$_{制}$
	发展中国家	发$^{z}_{国}$		资本主义制度	资$_{制}$

续上表

人民	中国人民	中$_{人}$	观点	政治观点	政$_{观}$
	全国人民	全$_{人}$		科学观点	科$_{观}$
	世界人民	世$_{人}$		阐明观点	阐$_{观}$
	各族人民	各$_{人}$	经济	计划经济	计$_{经}$
	美国人民	美$_{人}$		市场经济	市$_{经}$
	非洲人民	非$_{人}$		商品经济	商$_{经}$
观点	阶级观点	阶$_{观}$		私有经济	私$_{经}$
	群众观点	群$_{观}$		小农经济	小$_{经}$
	历史观点	历$_{观}$		泡沫经济	泡$_{经}$

(2) 使用字母、符号、偏旁部首的略写

改革	教育改革	教^{g}	网络	人才网络	人××	革命	思想革命	思+
	体制改革	体^{g}		信息网络	信××		土地革命	土+
	深化改革	深^{g}		计算机网络	计××		文化大革命	文+
	民主改革	民^{g}		电子网络	电××		资产阶级革命	资+
管理	学校管理	学^{G}	问题	经济问题	经$^{?}$	利益	国家利益	国刂
	经济管理	经^{G}		关键问题	关$^{?}$		长远利益	长刂
	企业管理	企^{G}		主要问题	主$^{?}$		群众利益	群刂
	民主管理	民^{G}		具体问题	具$^{?}$		个人利益	个刂
水平	先进水平	先^{S}		作风问题	作$^{?}$	部门	商业部门	商阝
	思想水平	思^{S}		生活问题	生$^{?}$		销售部门	销阝
	生活水平	生^{S}		细节问题	细$^{?}$		管理部门	管阝
	教学水平	教^{S}		政治问题	政$^{?}$		服务部门	服阝
意义	重大意义	重$^{\circ}$	矛盾	阶级矛盾	阶$^{\$}$	其他	科学水平	科$_{水}$
	现实意义	现$^{\circ}$		社会矛盾	社$^{\$}$		天气预报	天$_{预}$
	历史意义	历$^{\circ}$		敌我矛盾	敌$^{\$}$		科技革命	科$_{革}$
	深刻意义	深$^{\circ}$		民族矛盾	民$^{\$}$		数学竞赛	数$_{竞}$

4. 关联词组的略写

……又……	一年又一年	$\overline{\text{一年}}$
	一次又一次	$\overline{\text{一次}}$
	一遍又一遍	$\overline{\text{一遍}}$
	一个又一个	$\overline{\text{一个}}$
越……越……	越来越好	y好
	越来越明白	y明白
	越写越快	写y快
	越想越多	想y多
	越学越好学	学y好学
	越干越有劲	干y有劲
四音节以上关联词	总而言之	总r之
	诸如此类	诸r类
	尽管如此	尽g此
	由此可见	由c见
	换句话说	换j说
	无论如何	无l何
	所有这一切	所y切
	概括起来说	概k说
	正因为如此	正y此
	话虽这样说	话s说

（三）熟语的略写

熟语是指常用而定型化了的固定词组或语句，它是一种特殊的语言现象。熟语一般具有两个特点：结构上的稳定性和意义上的整体性。也就是说，熟语是作为一个完整的单位来使用，不能随意改变其成分。正是由于这约定俗成的特点，知晓其中的一两个字，就可以通晓整个熟语的意思，因此速写起来，将更加方便。

熟语主要包括成语、谚语、歇后语、格言及惯用语等。

成语是一种相沿习用的特殊固定词组，如“掩耳盗铃”、“画龙点睛”等，学习中最为常用。

谚语是人民群众口头上流传的通俗而含义深刻的固定语句，如“天下兴亡，匹夫有责”、“百闻不如一见”、“癞蛤蟆想吃天鹅肉”等，既具体通俗，又形象生动。

歇后语是种近似谜面、谜底两部分组成的带有隐语性质的口头用语。前一部分是比喻或说出一个事物，后一部分道出真意所在，如“芝麻开花——节节高”、“丈二和尚——摸不着头脑”、“哑巴吃黄连——有口难言”等，是一种“言在此而意在彼”，妙语双关的语词现象。

格言是具有教育意义的名言警句，一般是出于名人之手，在群众中广泛流传，如“路漫漫其修远兮，吾将上下而求索”、“少壮不努力，老大徒伤悲”等，或阐发事理，或警策之辞，其内容之精辟，意味而深长。

惯用语是口语中短小定型的习惯用语，如“全家福”、“闭门羹”、“铁公鸡”、“炒鱿鱼”等，其主要特征是简明生动，通俗有趣，含意单纯，并且大多可以拆开来使用。

无论是成语、谚语、歇后语、格言或惯用语，他们的速写方法基本一致，在速写时，我们写出前面的两三个汉字，剩余的字用横线或是曲线代替，也可以融入拼音字母、数字或其他的速写符号。掌握这些要点，速写中应当灵活运用。下面选取了部分成语、俗语、歇后语、格言等作为范例，以供参考。

1. 成语的略写

常见四音节成语的略写：

当仁不让	当仁——	貌合神离	貌 h——
耳濡目染	耳濡——	门庭若市	门 t——
不卑不亢	不卑——	满城风雨	满 c——
毛遂自荐	毛遂——	鞭长莫及	鞭 c——
顺手牵羊	顺手——	调兵遣将	调 b——
安步当车	安步——	爱屋及乌	爱 w——
白驹过隙	白驹——	任人唯贤	任 r——
杯弓蛇影	杯弓——	吹毛求疵	吹 m——
沧海一粟	沧海——	唇亡齿寒	唇 w——
豆蔻年华	豆蔻——	当仁不让	当 r——

相叠成语的略写：

夸夸其谈	夸’——	息息相关	息2——
兢兢业业	兢’——	步步为营	步2——
侃侃而谈	侃’——	闷闷不乐	闷2——
郁郁寡欢	郁’——	惴惴不安	惴2——
比比皆是	比’——	多多益善	多2——
花花世界	花’——	洋洋洒洒	洋2——
欣欣向荣	欣’——	孜孜不倦	孜2——
沾沾自喜	沾’——	面面相觑	面2——
绰绰有余	绰’——	寥寥无几	寥2——
熙熙攘攘	熙’——	荦荦大端	荦2——

多字成语的略写：

学而优则仕	学而～	人逢喜事精神爽	人逢喜——
水火不相容	水火～	初生牛犊不怕虎	初生牛——
习惯成自然	习惯～	只见树木，不见森林	只见——，——
民以食为天	民以～	失之东隅，收之桑榆	失之——，——
桃李满天下	桃李～	生于忧患，死于安乐	生于——，——
百闻不如一见	百闻——	星星之火，可以燎原	星星——，——
万变不离其宗	万变——	桃李不言，下自成蹊	桃李——，——
九牛二虎之力	九牛——	冰冻三尺，非一日之寒	冰冻——，——
五十步笑百步	五十步——	凡事预则立，不预则废	凡事预——，——
有志者事竟成	有志者——	工欲善其事，必先利其器	工欲善——，——
三人行必有我师	三人行——	知之为知之，不知为不知	知之为——，——
山雨欲来风满楼	山雨欲——	欲穷千里目，更上一层楼	欲穷千——，——
一寸光阴一寸金	一寸光——	横眉冷对千夫指，俯首甘为孺子牛	横眉冷——，——

2. 歇后语的略写

芝麻开花——节节高	芝麻——=
水仙不开花——装蒜	水仙——=
下雨出太阳——假情（晴）	下雨——=
小葱拌豆腐——一清二白	小葱——=
丈二和尚——摸不着头脑	丈二——=
竹篮打水——一场空	竹篮——=
二万五千里长征——任重道远	二万——=
拔节的竹笋——天天向上	拔节——=
岸上没鱼——合（河）理（里）	岸上——=
窗户口吹喇叭——名（鸣）声在外	窗户——=
膝盖上钉掌——离题（蹄）太远	膝盖——=
老鼠掉进书箱里——咬文嚼字	老鼠掉——=
司马昭之心——路人皆知	司马昭——=
姜太公钓鱼——愿者上钩	姜太公——=
孔夫子搬家——尽是输（书）	孔夫子——=

3. 谚语、格言的略写

有志者事竟成	有志者——
喜怒不形于色	喜怒不——
得饶人处且饶人	得饶人——
既来之，则安之	既来之——·——
燕雀安知鸿鹄之志哉	燕雀安知——
少壮不努力，老大徒伤悲	少壮不——·——
虚心使人进步，骄傲使人落后	虚心——·——
己欲立而立人，己欲达而达人	己欲立——·——
三军可夺帅也，匹夫不可夺志也	三军可夺——·——
乘风破浪会有时，直挂云帆济沧海	乘风——·——
路漫漫其修远兮，吾将上下而求索	路漫漫——·——
大鹏一日同风起，扶摇直上九万里	大鹏——·——
山不在高，有仙则名；水不在深，有龙则灵	山不在——·——
老骥伏枥，志在千里；烈士暮年，壮心不已	老骥伏——·——
不以物喜，不以己悲，先天下之忧而忧，后天下之乐而乐	不以物——·——

4. 惯用语的缩写

常用的惯用语的速写有简缩、省略、中间夹替代号，如下所示：

独木桥	独桥	墙头草	墙—
装洋蒜	装蒜	闭门羹	闭—
吹牛皮	吹牛	伪君子	伪—
桃花源	桃源	不好意思	不 h 思
鬼门关	鬼关	桃李满天下	桃 l 天
眼中钉	眼钉	恨铁不成钢	恨 t 钢
团团转	团—	三下五除二	三 x 二
全家福	全—	吃不了兜着走	吃 b 走
晴雨表	晴—	不管三七二十一	不 g 21

二、字词短语的替代法

替代法，是指用一些简单的图形、符号、数字等来替代复杂助词、短语、句子的速写方法。替代法具有以下一些特点：符形简单，灵活多变；形象生动，概括力强；一笔成章，易记易译。

在实际应用和日常工作学习中，要多创造、积累常用词语及句子的替代图形和符号。这样做不但有助于提高书写速度，而且有助于发展智力，促进思维敏捷。同时，需要注意的是，这里讲的替代法，作为速记使用和非正式交流是允许的，正规场合，比如考试、写作业等，必须按照国家语言文字规范化的要求进行书写。

（一）象形、会意替代法

一般而言，象形文字是最早产生的文字。用文字的线条或笔画，把要表达物体的外形特征，具体地勾画出来。例如“日”字是一个圆形，中间有一点，“月”字像一弯月亮的形状，“鱼”是一尾有鱼头、鱼身、鱼尾的游鱼，“艹”（草的本字）是两束草，“门”（門）就是左右两扇门的形状。

象形、会意替代法是用简单的图形、符号、数字表示词语所含意义的一种方法。这种方法比较形象，好写易懂。

象形的速符：

三角形	△	拧成一股绳	
十字架	十	这山望着那山高	
闪电		跷起大拇指	
鼓掌		合二为一	
螺旋式上升		照耀我们前进的灯塔	
一浪接一浪	~ ~	兜圈子	
一浪高一浪	≈	党中央	
长江后浪推前浪		党内	党)
一环扣一环		以自我为中心	
全国一盘棋	▱	以经济建设为中心	
上下一条心		要一碗水端平	

会意的速符：

问题	?	一个问题接一个问题	$?^?$
小问题	?	问题没有解决	? /
大问题	?	问题已经解决	~~?~~
问题很多	$?^n$	错误	×
问题成堆	$\overset{\frown}{?}$	大错特错	×
问题很严重	? ×	小错误	×

续上表

错误很多	$\times^{n}$	下面	
错误成堆		前头	
一个错误接着一个错误	$\times^{\times}$	后头	
好上加好	好[好]	西亚	$y+$
摇摆不定		南亚	$\underset{y}{+}$
上下		东南亚	$+_{y}$
自上而下	↙	中亚	
自下而上	↗	中非	
直线上升	↑	南非	$\underset{F}{+}$
出发点	⊙→	北美	$\overset{m}{+}$
医院	+	南美	$\underset{m}{+}$
十字路口	+	日出	
北方		上午	
南方		中午	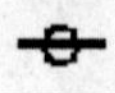
东方		晚上	
西方		禁止通行	⊗
东南		暂停	
东北		通过	
西北		没有通过	
西南	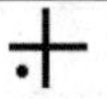	没有意义	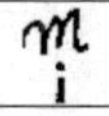
大西北	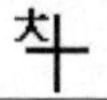	画蛇添足	
左面		画龙点睛	~
右面		换句话说	
上面		脚踩两只船	

象形会意符号，有的可以一符多用，即在不同的语言环境中可以表示不完全相同的意义。如“+”可以表示“医院”，还可以表示“红十字会”、“十字路口”、“天主教”等，因此要置于一定的情境中加以理解。

（二）数字替代法

有些词和短语，完全可以用数字来代替，以提高书写速度，我们称之为数字替代法，比如可用阿拉伯数字代替将年月日、重要节假日、重要事件及运动等，形式简单，又通俗易懂。

表示年月日	
2008年8月8日	2008.8.8
2010年5月1日	2010-5-1
重要或主要节假日	
元旦	1·1
情人节	2·14
三八妇女节	3·8
五一国际劳动节	5·1
六一儿童节	6·1
七一党的生日	7·1
八一建军节	8·1
教师节	9·10
重阳节	9·9
国庆节	10·1
圣诞节	12·25
重要事件、会议、事变、运动	
“一二·九”运动	12·9
五四运动	5·4
“二七”大罢工	2·7
五卅运动	5·30
八七会议	8·7
九一八事变	9·18

续上表

七七事变	7·7
香港回归	97·7·1
澳门回归	99·12·20
十一届三中全会	D11·3
党的十四大	D14
九届全国人大二次会议	人大9·2
其他形式的替代	
四有	4^{y}
山顶	$\dot{3}$
第三国际	$3^{\triangle}$
第一次世界大战	1^{Z}
第二次世界大战	2^{Z}
第二世界	2^{S}
第三世界	3^{W} (world)
第一次浪潮	1^{L}
第二次浪潮	2^{L}
九五规划	9.5^{h}
十年规划	10^{h}
一穷二白	$\overset{\frown}{1.2}$
三长两短	3_{2}
三心二意	$\overset{\frown}{3.2}$
颠三倒四	43
四舍五入	5/4
四面八方	$\overset{\frown}{4.8}$
五讲四美三热爱	$5.\overset{\frown}{4}.\overset{\frown}{3}$
五花八门	$\overset{\frown}{5.8}$
七拼八凑	$\overset{\frown}{7.8}$
乱七八糟	78
七上八下	$\frac{7}{8}$
九死一生	$\overset{\frown}{9.1}$
十年寒窗	10

（三）学科符号替代法

在快速记录时，借用其他学科常见的缩写、简写符号来代替汉语中的一些常用词组、短语的方法，我们称之为学科符号替代法。

1. 数学符号

长度、面积、体积、容积、重量等单位符号：

符号	nm	μm	mm	cm	dm	m	dam	hm	km
名称	纳米	微米	毫米	厘米	分米	米	十米	百米	千米（公里）

符号	m^2	km^2	m^3	ml	l	g	kg	t
名称	平方米	平方千米	立方米	毫升	升	克	千克（公斤）	吨

其他数学符号：

三角形	△	未知数	x	角	∠
正、负	+ −	平均数	$\bar{x}$	半圆	⌒
大于	>	变化趋势	→	圆周	○
小于	<	成正比	∝	总和	Σ
大于等于	⩾	无穷大	∞	积分	∫
小于等于	⩽	绝对值	$\lvert x \rvert$	开根号	$\sqrt{\ }$
不大于	≯	x 的函数	$f(x)$	连乘	Π
不小于	≮	因为	∵	阶乘	!
远远大于	>>	所以	∴	最大值	max
远远小于	<<	成比例	∷	最小值	min
等于	=	属于	∈	平均数	avg
不等于	≠	包含于	⊂	百分之	%
平行	//	或	∪	千分之	‰
垂直	⊥	且	∩	度	°
相似	∽	非	$\bar{x}$	分	′
全等	≌	圆周率	π	秒	″
恒等于	≡	圆	⊙	号	#
近似于、大约	≈	直径	φ	单价	@

2. 物理符号

路程	s	电流	I	米每秒	m/s
时间	t	电容	C	小时	h
速度	v	电阻	R	分钟	m
加速度	a	压强	P	秒	s
长度	l	质量	m	牛	N
高度	h	重力	G	瓦特	W
面积	s	摩擦力	f	焦耳	J
密度	ρ	压力	F	摄氏度	℃
效率	η	功	w	欧姆	Ω
功率	p	温度	t	伏特	V
频率	f	周期	T	安培	A
电压	U	波长	λ	赫兹	Hz

3. 专业技术符号

体温	T	人民币	¥、RMB	欧元	€、EUR
血压	B. P.	美元	$	门	M
饭后	P. C.	英镑	£	窗	C

4. 标点符号

?	问题	/	或
? ??	问题成堆	#	号
!	注意	§	节
!!	特别注意	△	重要
!	提高警惕	☆	非常重要
&	和	¤	太阳
* *	某某		

5. 逻辑符号

符号	表示关系	含义
A	全称肯定判断	凡是、所有、一切……都
E	全称否定判断	凡是、所有、一切……都不是
I	特称肯定判断	有、有的、有些是
O	特称否定判断	有、有的、有些不是
∧	合取	并且、而且
∨	析取	或、或者
∀	不相容析取	非此即彼、不是……就是
◎	属种关系	从属、包含
⊗ ○○	交叉关系	交叉、部分重合
⦶	矛盾关系	对立统一、一分为二
⦷	对立关系	对立、并列

6. 化学符号

铁	Fe	食盐	$NaCl$
铜	Cu	硫酸铜	$CuSO_4$
锡	Sn	氢氧化钠	$NaOH$
金	Au	甲烷、沼气	CH_4
银	Ag	氨气	NH_3
硫	S	甲醛（中毒）	$HCHO$
磷	P	石膏	$CaSO_4 \cdot 2H_2O$
碘	I	熟石膏	$CaSO_4 \cdot H_2O$
铝	Al	明矾	$KAl(SO_4)_2 \cdot 12H_2O$
氧气	O_2	绿矾	$FeSO_4 \cdot 7H_2O$
铅（中毒）	Pb	蓝矾	$CuSO_4 \cdot 5H_2O$
一氧化碳	CO	尿素	$CO(NH_2)_2$
二氧化硫	SO_2	磷酸二氢钾（常见化肥）	KH_2PO_4
水	H_2O	高锰酸钾	$KMnO_4$
硫酸	H_2SO_4	上升	↑
盐酸	HCl	沉淀	↓

7. 英语符号

缩写	全称	汉语
Cn	China	中国
min.	Minute	分钟
sec	Second	秒
hr.	Hour	小时
AD A. D	Anno Domini	公元
BC B. C.	Before Christ	公元前
AM a. m	Ante meridiem（before noon）	上午，午前
PM p. m.	Post meridiem（ = afternoon）	下午
Thu.	Thursday	星期四
Fri.	Friday	星期五
Sat.	Saturday	星期六
Sun.	Sunday	星期日
Jan.	January	一月
Oct.	October	十月
Nov.	November	十一月
Dec.	December	十二月
℃	Centigrade	摄氏度
cc	Cubic Centimeter	立方厘米
kg	Kilogram	千克
cm	Centimetre	厘米
ml.	Millimeter	毫升
N	North	北方
S	South	南方
E	East	东方
W	West	西方
edu	Education	教育

续上表

缩写	全称	汉语
Prof.	Professor	教授
BA	Bachelor of Arts	文科学士
BS	Bachelor of Science	理科学士
Dr.	Doctor	博士；医生
Ph. D PhD	Doctor of Philosophy	博士
SAT	Scholastic Aptitude Test	学术能力倾向测验
GRE	Graduate Record Exam	研究生的入学考试
TOEFL	Test of English as a Foreign Language	托福
IQ	Intelligence Quotient	智商
EQ	Emotion Quotient	情商
APEC	Asia and Pacific Economic Cooperation	亚太经合组织
CIA	Central Intelligence Agency	中央情报局（负责国外）
EU	European Union	欧洲联盟
FBI	Federal Bureau of Investigation	联邦调查局（负责美国境内）
GATT	General Agreement on Tariffs and Trade	关税及贸易组织
ICRC	International Committee of the Red Cross	红十字国际委员会
IOC	International Olympic Committee	国际奥林匹克委员会
ISO	International Organization for Standardization	国际标准化组织
NATO	North Atlantic Treaty Organization	北大西洋公约组织
NBA	National Basketball Association	美国篮球联盟
OECD	Organization for Economic Cooperation and Development	经济合作与发展组织
UK	United Kingdom	大不列颠及北爱尔兰联合王国，英国
UN	United Nations	联合国
UNESCO	United Nations Educational, Scientific and Cultural Organization	联合国教科文组织
US U. S.	United States (= America)	美利坚合众国，美国

续上表

缩写	全称	汉语
WB	World Bank	世界银行
WTO	World Trade Organization	世界贸易组织
WHO	World Health Organization	世界卫生组织
NAVY	Navy	海军
ARMY	Army	陆军
IT	Information Technology	信息技术
ATM	Automatic Teller Machines	自动取款机
CPU	Central Processing Unit	中央处理器
PC	Personal Computer	个人计算机
MB	Mother Board	主机板
MODM	Modem	数据卡或调制解调器
KB	Key Board	键盘
IP	Internet Protocol	网际协议
WWW	World Wide Web	互联网
TV	Television	电视
CCTV	China Century Television	中国中央电视台
MTV	Music Television	音乐电视
BT	BLOOD TYPE，Bit Torrent	血型，比特流
CD	Compact Disk	光盘，激光唱片
Ave.	Avenue	林荫道，大街
Rd. rd	Road	路
st.	Street	街道
CBD	Central Business District	中心商务区
CEO	Chief Executive Officer	首席执行官
cf.	Confer	试比较；参看
dept. Dept.	Department	部，司，局，系
e. g.	Exempli Gratia（=for example)	例如

续上表

缩写	全称	汉语
esp.	Especially	尤其是
et al.	et alia（ = and others）	其他的
etc.	et cetera（ = and the rest）	等等
GDP	Gross Domestic Product	国内生产总值
ID	Identification Card	身份证
i. e.	id est（ = that is）	那就是，即
Inc.	incorporated	股份有限的
Ltd.	limited	有限的，股份有限
Jr.	Junior	小（用于姓名后）
No.	Number	号码
P	Page，parking	页，停车处
par，	Paragnaph	（文章的）段
pl.	Plural	复数
PK	Player Killing	比赛中的一对一单挑
PRC	People's Republic of China	中华人民共和国
PS	Postscript	附言
sing.	Singular	单数
sth	Something	某物，某事
tel.	Telephone	电话
UFO	Unidentified Flying Object	不明飞行物
usu.	Usually	通常
V	Victory	胜利
V vs	Versus	……对……
VIP	Very Important Person	重要人物，大人物
vol.	Volume	卷，册
WC	Water Closet	厕所

续上表

缩写	全称	汉语
BBS	Bulletin Board System	电子公告版
DIY	Do It Yourself	自己动手制作
SOHO	Small Office Home Office	在家办公
SOS	Save Our Ship/Save Our Souls	急救讯号
E-mail	Electronic Mail	电子邮件
EMS	Express Mail Service	邮政特快专递
IMP	Import	进口
EXP	Export	出口
MAX	Maximum	最大的、最大限度的
MIN	Minimum	最小的，最低限度的

符号在不同的情境中有着不同的含义，比如“t”既可以代表“温度”，又可以代表“时间”，“T”则代表“周期”；再如“C”在物理中表示“电容”，在建筑专业中可代表“窗”；“$\bar{x}$”在数学里可以表示“平均数”，在逻辑学中可以代表“非”的概念；“上午”既可以用“$\underline{\circ}$”来表示，也可以用“a. m.”……总之，碰到符号要学会比较和融会贯通，也可以创造性地“开发”出一些新的符号。

值得一提的是，这里不可能列出所有学科的全部符号和缩写，以及其他各种专业符号。通过上面的举例，为同学们展示符号的非凡魅力。做笔记时，完全可以根据已有的知识面和自己的书写习惯，灵活自由地选用一些符号代替汉语中的词语，举一反三，从而以最便捷的方式来记录。

此外，符号的使用不在多而贵在熟，记笔记时，适当的文字铺垫还是很重要的，不可为追求表面的花哨，而使符号泛滥，结果密密麻麻的都是符号，很难辨清它们在语境中的含义，非但不能提高速记和笔记整理的效率，还影响了学习的效果。

（四）拼音字母替代法

拼音字母替代法，是指用《汉语拼音方案》中的 26 个字母来替代汉字的一种方法。这种方法简单明了，构形明确，可以全部用拼音字母缩写来表示，也可以将汉字与拼音字母合起来用，比如“北京”可以简写为“北 j”或“bj”，由于拼音替代法，不需要太深的文字功底和学科背景，学习起来非常简单，特别适合中学生们使用。

但值得注意的是，此种方法不宜用得太多，主要用于最常见的双音节词的编写，用得太多，反而容易混淆。

常用的双音节词语：

本质	bz	建设	js	能力	nl	文化	wh
部分	bf	教育	jy	破坏	ph	文明	wm
成功	cg	经济	jj	情况	qk	物质	wz
成就	cj	经验	jy	群众	qz	研究	yj
道德	dd	精神	js	人民	rm	以后	yh
分别	fb	客观	kg	商业	sy	政策	zc
改革	gg	科学	kx	社会	sh	政治	zz
革命	gm	可能	kn	生产	sc	知识	zs
根据	gj	理想	lx	事情	sq	制度	zd
工业	gy	秘密	mm	条件	tj	主观	zg
国家	gj	民主	mz	听取	tq	主义	zy

汉字与拼音字母的合用：

祖国	祖 g	首都	首 d
人民	人 m	宗旨	宗 z
信息	信 x	法律	法 l
努力	努 l	学习	学 x
北京	北 j	服务	服 w
秘书	秘 s	技术	技 s

多音节词和词组的灵活应用：

水汪汪	水 ww	精神文明	j－m
拉拉队	拉 ld	浪漫主义	l－y
金灿灿	金 cc	顾全大局	g－j
呱呱叫	呱 gj	商品经济	s－j
亮堂堂	l－t－t	文化生活	w－h
红彤彤	h·t·t	马克思主义	m－y
眼巴巴	ybb	文史哲	w^3
热乎乎	rhh	工农兵	g^3
研究研究	yj^2	立场、观点、方法	lc^3
考虑考虑	kl^2	路线、方针、政策	lx^3
前前后后	qh^2	德智体美劳	5y
家家户户	j·h·	有理想、有道德、有文化、有纪律	4y；y^4
社会主义	s－y		
无产阶级	w－j	富强、民主、文明、和谐的社会主义	fq^4d 礻义
物质文明	w－m		

注明：因为汉字同音异形字和词语很多，如果遇到相同的写法，可以在其中一个缩写字母的后面添加些其他标记，从而区别开来。比如经济“jj、”；积极“jj”；荆棘“jj×”（×形似荆棘密布）；紧急“jj·”（着重号表示强调），以此类推，可以不拘于形式，灵活运用。

常用的单音节词，也可以用拼音字母来代替。如

我——o　你——n　他——t　是——s、is　和——&

三、语句的速写

在学习了汉字速记法的基础——字、词、短语等部分的速记方法后，我们进入语句速记方法的学习阶段。在日常的学习和生活中，我们所讲的、听到的话，都是一句一句的，很少是单个字或词。所以，仅掌握零星的字、词、短语的记录方法是不够的，还应了解一些句子的速写方法。下

面将简单介绍一些句子（单句、复句）的速写方法。

句子的速写方法，实际上就是句子成分的缩略法。快速书写时，保留句子的基本成分（主、谓、宾），而略去附加成分（定、状、补），使长句子变为短句子，或是将内容较长、结构复杂的句子，转化为意思大致相同的简单的句子，或是只记句子的框架和关键词，然后再组织成句。一般情况下，句中常用的双音节词第二个音节可以不写，用斜线号“/”代替。但要注意在快速书写时，对字词的省略，以不产生歧义为宜。

（一）单句的速写

单句的速写主要是采用句子成分省略的方法，在不影响译读的情况下，保留句子的主要成分。如：

(1) 鲁迅是伟大的思想家、革命家和文学家。

鲁 s/思 J、革 Jh 文 J。

(2) 今天晚上冷极了。

今晚/冷。

(3) 党和人民心连心。

党 h 人 m $\overline{\underline{心}}$。

(4) 天空中飘着朵朵白云。

天飘/云。

(5) 我喜欢看各地的风光。

O 喜 k/风光。

如果初学者感到以上句子的方法一时难以掌握，可以综合运用前面介绍的各种略写、替代方法书写整句，然后再慢慢过渡到句子缩略法。如

(1) 王老师教我们英语。

王—s 教 Om 英 y。

→王/教英/。或者是：王教 us En。

(2) 他告诉我一个好消息。

他告 s 我一个好消 x。

→他告/O 消。

(3) 展望未来，我们对前景充满了信心。

展未，Omd 前 j 充 m 了信/。

→展未，我/充/信/。

(二) 复句的速写

复句是由两个或几个意义上相关、结构上互不包含的单句形式组成的句子。复句中各个分句之间的意义关系常常用关联词语（连词或副词等）来表示。在快速记录中，通常可以把这些关联词用一些符号来替代，而分句中的词语则采用之前介绍的各种速记方法进行略写。

根据复句中分句的意义关系，可将复句分为并列复句、递进复句、转折复句、选择复句、假设复句、因果复句、条件复句、目的复句等。下面就一些常见复句做个简单的介绍。

1. 并列复句

并列复句，分句之间的关系或者是并列的、平行的或者是对等的、对立的。并列复句常见的关联词有：

单用：也，又，还，同样，同时，而，而是

合用：既……又……，不是……而是……，是……不是……，也……也……，一方面……一方面……，有时……有时……，有的……有的……

速写时，并列关系复句的关联词可用符号“//”替代。单用的关联词在什么位置，符号就放在什么位置，合用的关联词符号通常放在第二个关联词的位置上（以后各关系复句关联词的替代符号的位置与此一致，就不再一一赘述）。例如：

(1) 不是人们的意识决定人们的社会存在，而是人们的社会存在决定人们的意识。

→不 s 人 md 意 s 决/人 md 社存，// ∞。

(2) 人们不应该迷信书本知识，而应尊重客观事实。

→人 m 不应/迷/书知，//尊/客事。

(3) 他有时喜欢读哲学书籍，有时喜欢读文艺作品。

→他有 s 喜/哲—s，//喜/读文—z。

2. 递进复句

递进复句是指后面分句的意思比前面分句的意思更进一层，一般由轻到重，由小到大，由浅到深，由易到难。递进复句常见的关联词有：不但（不仅、不只、不光）……而且（还，也，又）……，尚且……何况（更不用说，还）……，况且……等。递进关系复句的关联词可用符号"√"替代，例如：

(1) 文艺作品既要注意形式优美，更要注意内容健康。

→文作既 y 注/形优，√注/内健。

(2) 我们不但要掌握马克思主义理论，而且要掌握现代科学知识。

→0m 不 dy 掌 w 马－论，√掌 w 现/科知。

(3) 小明不只学习成绩好，而且思想品德也高尚。

→小明不只学绩 h，√思品也高/。

3. 转折复句

转折复句是指前后分句的意思相反或相对的句子，从而构成转折关系。常用的关联词有：虽然（虽、尽管）……但是（但、可是、却、而、还是）……，但是，但，然而，只是，不过，倒，竟然。转折关系复句的关联词可以用符号"L"替代。例如：

(1) 母亲虽然身体很瘦弱，但是性格很倔强。

→母/虽 r 身/很弱，L 性/很倔/。

(2) 其他同学都走了，可他还在继续学习。

→其 t 同 x 都走/，LT 继/学/。

(3) 波涛非常汹涌，但是我们的船仍然沉着地往前冲。

→波/非/汹/，L 0md 船/沉/w 前冲。

4. 选择复句

选择复句，其分句有的分别说出两种或几种可能的情况，表示从中选择一件或几件，分句之间就构成选择关系。常见的关联词有：还是，或者，与其……不如……，宁可……也不……，或者……或者……，不是……就是……，要么……要么……，或许……或许……，可能……可能……，也许……也许……。选择关系复句的关联词，可用符号“V”替代。例如：

(1) 刘胡兰宁可站着死，也不跪着生。

→刘宁 k 站/死，V 跪/生。

(2) 文章与其长而空，不如短而精。

→文 z 与 q 长—k，V 短—j。

(3) 要么我们被困难吓倒，要么我们把困难克服掉。

→要 m Om 被困/吓/，VOm 把困/克/。

5. 假设复句

假设复句的一个分句提出一种假设，另一个分句说明假设情况一旦实现后产生的结果。两个分句之间是一种假定的条件与结果的关系。常见的关联词语是：那么，便，就，也，如果（假如、倘若、若、要是、要、若要、假若、如若）……就（那么、那、便、那就）……，即使（就是、就算、纵然、哪怕、即便、纵使）……也（还、还是）……，再……也……，假设关系复句的关联词可用符号“ > ”替代。例如：

(1) 如果你愿意，我就陪你去实验室看看。

→如 g 你愿/，O > 陪 n 去实—看’。

(2) 如果我是一个共产党员，就更应该全心全意为人民群众服务。

→如 gOs 共 y，> 更应/全心——为人服。

(3) 宝石哪怕混在垃圾堆里，也仍然晶莹夺目。

→宝 s 哪 p 混 z 垃—d/，> 仍/晶莹——。

6. 因果复句

前面的分句说明原因，后面的分句说出结果，这样的复句就是因果复句。

因果复句可分为说明因果和推论因果。

说明因果：一个分句说明原因，另一分句说明由这个原因产生的结果，因和果是客观事实。常用关联词有：因为，所以，因此，因而，故而，以致，既然，可见，因为（因）……所以（便）……，由于……因而……，之所以……是因为……。

推论因果：一个分句提出一个依据或前提，后一分句由此推出结论，结论是主观判定的，不一定是事实。常用关联词有：既然（既是）……就(那么、便、又）……。

因果关系复句中，表示原因的关联词可以用“∵”替代，表示结果的关联词可以用“∴”替代。例如：

（1）既然她那么喜欢读书，您为什么不支持呢？

→∵她喜h读s，您为？不支c？

（2）知识的海洋是无穷无尽的，因此学习是无止境的。

→知sd海/s无穷——，∴学xs无——。

（3）之所以他考试成绩优秀，是因为他长期刻苦钻研。

→他考/成优，∵他长q刻/钻/。

（4）因为马克思有广博的知识做基础，所以他能够建筑起他的学术高塔。

→∵马y广知做基c，∴T能建zTd学塔。

7. 条件复句

前一个分句提出一个条件，后一个分句说明这个条件一旦实现所要产生的结果，这样的分句就是条件复句。从逻辑学关系的角度，条件复句可分为充分条件复句、必要条件复句和充分必要条件三种类型，常见关联词语有：只要……就（都、便、总）……，只有（唯有）……才（否则）……，除非……才……，无论（不管，不论、任、任凭）……都（总、总是、也、还）……。上列条件关系复句的关联词可以用符号“V”来替代，例如：

(1) 只有共产党，才能救中国。

→只 yCPC，V 救 CN。

(2) 劳动者只有具备较高的科学文化，丰富的生产经验，先进的劳动技能，才能在现代化的生产中发挥更大的作用。

→劳 Z 只 y 具/较 gd 科文，丰 fd 生验，先 jd 劳技，V z 现 hd 生 c/发作。

(3) 只要有一线希望，我们就不会放弃。

→只要 y 一/希 w，Om V 不/放 q。

8. 目的复句

目的复句的一个分句表示要采取的行为，另一个分句表示这种行为的目的，常用关联词语有：为了，以，以便，用以，借以，好，好让，为的是，以免，免得，省得，以防等。以上关系复句的关联词可用符号“∧”替代，例如：

(1) 我们要努力学好科学文化知识，以便更好地为人民服务。

→Omy 努 l 学 h 科$^{W}_{知}$，∧更 hd 为人 m——。

(2) 我们加强党自身的组织建设，为的是让广大党员干部能更好地带领人民群众进行社会主义现代化建设。

→Om 加 qDd 组建，∧让广大党干 n 好/带/人群进 x 社现$^{h}_{建}$。

(3) 大家要注意脚下安全，以免发生意外。

→大 J 要注 y 脚安，∧发 s 意 w。

第三节 让速记为我所用

同学们，经过前一节内容的了解，你们一定会觉得那些有趣的速记方法既有趣又有用吧？但是，有一些人认为，速记是新闻记者的一种专门技术，其他人用不上。其实，这是一种误解。速记是一种书写的工具，凡是需要书写的人，都可以使用速记。因此，速记可以广泛应用到我们的学习和生活之中。

无论是在家庭、学校、图书馆、课堂中，还是在公交车上、会议现场、小组讨论、访谈调查中；无论是做读书笔记、听课笔记、活动笔记，还是写日记、写文章、搞文学创作时，凡是需要记录的地方，都可以应用速记。掌握了速记技术，不管在什么场合，只要具有一支笔、一张纸，就能够出色、高标准地完成快速记录的任务。

一、笔记为何要速记

俗话说：一寸光阴一寸金，寸金难买寸光阴。在这充满竞争的飞速发展的社会里，“时间就是金钱，效率就是生命”。唯有懂得珍惜时间的人，时间才会青睐他。因此，合理地安排时间，有效利用时间，就等于为自己节约时间。

需要快速记笔记，当然由我们所记录的对象——语言和汉字本身的特性所决定的。人的语言，作为一种声音，是转瞬即逝的。要抓住它，留住它，并且使它从可听转化为可视的东西，即变成文字，就离不开速记。如果记录速度不快，效率不高，声音一旦消失，很难再记下去，这一点是每个人都能体会到的。与此同时，几千年传承下来的中国汉字，有其独特的特点，它结构复杂，笔画较多，书写较慢，很难满足高效学习的需要，因此需要掌握一些快速记录的方法，也就是速记。

下面请看一组数据。据相关统计表明，平时人们讲话的速度，一般都在每分钟 100 个字左右，广播、电视的播音速度，大约是每分钟 180 ~ 200 个字，快速宣读报纸、文章，激烈辩论场合的语音速度更快，有时高达 250 个字以上。但是，一般情况下，人们书写汉字的速度，每分钟只能写 30 ~ 40 个，较快的也就是 60 ~ 70 个字。并且一旦写得太快，很容易潦草不清，无法辨认。

这样看来，用普通文字记录语言，只能记下 1/7 ~ 1/5 的内容，而专业人员用速记做记录，就能达到一字不漏。会速记的人每分钟一般都能够写到 80 ~ 120 个字，如果把这种速度应用于学习，记录课堂笔记、学术报告、写作文和摘抄笔记，将大大提高学习效率。

速记的特点就是快，速度是速记的灵魂，它能在有限的时间内，记录更多的内容，让我们学到更多的知识，既为我们赢得了时间，又能提高学习的效率，使我们能将更多的时间和精力，用于更为有效的学习和工作中去，那么，学习些简单的速记，何乐而不为呢？

二、速记在课堂笔记中的应用

同学们，我们都知道，课堂笔记是学习中非常重要的学习和复习资料，在听讲时，如果能在听懂的前提下，又能将讲课内容快速记录下来，以备查阅，那将是一笔不小的知识财富。

由于老师讲课的速度，往往要比普通的写字速度快好多倍，我们传统的记录方法，很难将重要的信息完整地记录下来，很容易“捡了芝麻，丢了西瓜”，导致许多重点内容的流失，此时速记的使用将变得非常重要。

速记有“快速高效”的特点，能让你听、看、写、思考都不误，这样既能学到了知识，又有翔实的笔记可供参考。有一些学生选择学习速记，其中一个很重要的原因，就是为了解决课堂笔记的困难。

此外，在课堂提问中，可以使用速记构思发言内容，既可以快速形成思路，又可以训练思维的发散性。在英语听写训练中，借助速记记住关键词和成段的讲话，可以提高外语听写水平。

在课堂上，我们可以采用下面几种方式来做笔记：

(1) 教师讲课速度较快时，自己一定要保持冷静的头脑，力争把人名、地名、时间、数据以及其他重要词语记下，以及每个部分的重点内容概括地记下。

(2) 遇到很多具体内容不懂，只能领会到大致的内容时，可做提纲式的笔记。或留下一定词句的空白位置，表明此处未懂或有遗漏，课后再询问同学或请教教师，把遗漏的内容补写进去。

(3) 教师在讲课中利用板书、图表、仪器等说明问题时，要尽量做到能抄就抄，能画就画，或做简要说明。教师在做实验时，可将教师有关动作酌情记下，当然，做实验时的记录应另当别论，越详尽越准确的越好。

(4) 教师在讲课中，如果引用某本书上大段话时，可以先记录所引的第一句话和最后一句话，中间用省略号来代替，如果能批注上所引的书名和页数，那将更好。

(5) 根据课前预习了解到的讲课内容，要熟悉老师在讲课中可能多次使用的词语或专业术语。对这些词语、术语可以创制一些简单的符号来代替，以提高记笔记速度，课后再把这些符号译成汉字。

(6) 课堂笔记时，要善于抓住要点，文字要凝练概括，根据讲课内容，可以总结一些简单的小标题，放在有关内容的开头，也可以用颜色醒目的笔标注出来，以便阅读和理解。

三、速记在阅读笔记中的应用

俗话说“不动笔墨不读书”，这就要求我们读书时要手脑并用，坚持做读书笔记。为了更快地积累更多的资料，提高我们的阅读速度和效率，这就显示出了速记的重要性。速记可用于摘录报纸杂志、抄写历史文献及摘抄信件资料等。

速记既帮我们节省了大量的时间和精力，又帮我们积累了更多的资料。我国现代著名学者、文学家、社会活动家郭沫若早在日本时，就经常使用日文速记摘抄资料，不但积累了资料，还提高自己的写作质量。

在课外阅读时，我们可以把一些自己感兴趣的短语、名言警句、自己的感悟，或者某些很有道理的观点等以我们所学过的速记方法，迅速地记下来，这不仅可以提高我们的阅读速度，还便于我们以后的复习和思考，加深对知识点的印象。

四、速记在活动笔记中的应用

在学校中，我们常会参与各种各样的活动，如各种报告会、讨论会、座谈会、经验交流会、学习讲座、学习小组报告、研究性小组活动以及采访调查等。从活动中，我们可以掌握许多知识，拓展自己的知识面，因此，进行适当的记录还是很有必要的。

我们可以根据活动的性质和重要性不同，以及能否获得活动材料等，决定采用何种记录方式，当然，我们也可以带着问题去记录，或是结合材料进行补充记录。但无论哪种活动记录，都要记录活动的名称、活动的主题、主持人或主办单位、报告人、出席人或人数、时间、地点等。

如果是有多人发言的记录，一般有两种方式：一种是按照发言顺序先后排列，一个人接着一个人地记录。如果一个人多次发言，仍按发言先后顺序整理。这种记录方法重在记录会议的过程，有助于保留最原始的材料。另一种是归纳记录法，分题整理，把所有发言分成几个题目，按题分组排列，重复发言的可以归并在一起，不同于这个题目的内容，可以单独列出，一般公开发表的座谈记录，多采取这种方式。

在听讲座时，主讲人往往只准备一个提纲和相关资料，一般不会提供翔实的参考文稿。在讲演过程中，经常会为了说明一个问题，引经据典，旁征博引，精彩至极。这种场合下如果能够快速把讲座的内容记录下来，将是十分必要而重要的。著名的“巴黎公社会议记录”，就是使用速记记录的。

五、速记的其他用途

每天在睡前，我们可以拿出几分钟时间，以速记的形式来写日记，把一天的活动，重点地记下来，这样做既能锻炼自己的思维能力，提高写作水平，又能起备忘作用。同时，速记可以创造性地使用许多速记符号，既节省了时间，又可保密，解除了别人翻看的苦恼。

如果你是校园小记者，可以用速记起草报道、通讯等各类材料，非常迅速及时，既能节省许多宝贵的时间，还可以捕捉一些闪电式的灵感。在采访过程中，使用速记记录各种信息，就会比不使用速记的人获得更丰富、更翔实的第一手资料。

如果我们在图书馆借阅书刊，有一定时间限制，那么，这时更需要使用速记，才能把所需的资料迅速地摘抄下来。

美国著名女记者史沫特莱，就是一位擅长速记的能手，她曾用速记搜集我国有关红军长征的素材。现在我国许多新闻工作者，都很重视速记的学习和使用，有的还学会了多种语言的速记，如英文速记、日文速记等等。

如果你是小作家，尝试学习速记，能让你收到意想不到的效果。在写文章、搞“创作”时，将自己的创作思路以及瞬息而逝的灵感，快速记录下来，达到“心随我动”“意到笔随”的效果。速记在场，任思绪飞扬，俄国诗人普希金的手稿上就留有速记的痕迹，英国著名作家狄更斯、笛福和萧伯纳都曾用速记进行创作。

办公室的文书秘书工作，是以书写劳动为主，应用速记技术可以大大提高工作效率。现在，很多办公室的文秘人员都必须掌握速记技术。他们用速记记录主管人员的口授文件、指示，当场再用电脑打出，两个小时可办数十件文件。其效率十分惊人。此外，如接待来访、电话记录等，也处处需要速记。

法庭的审讯、调查或调解，都需要详尽的记录。国外早已普遍使用速记。用普通文字是无法记录完整的，只能挂一漏万。日本的高等法院，都有“速记士”和“速记主任”职位的设置。

此外，在课堂提问中，我们可以使用速记构思发言内容，这既能使我们的发言更具条理性，又能训练思维的敏捷性。在接电话时，使用速记巧妙地记下电话留言，能节省时间和电话费用。在英语听写训练中，借助速记记住关键词和成段的讲话，提高外语听写水平。

总之，速记的用途很多，你可以充分发挥自己的想象力，更广泛地、创造性地去使用速记，开发出更多新的用途，使速记在我们的生活、学习和工作中发挥最大的效用，真正为我所用。

六、现代科技能否代替速记

当前，随着科技的进步，书写设备日渐机械化和智能化，人们记录语言的技术也随之不断更新。于是有人质疑，在现代信息化的时代，速记是否能够立足，学习速记对我们还有价值吗？

在此，我们肯定地说，这些新技术无法取代速记，尤其是手写速记。因为任何一种工具都有自己的特点、功能和应用范围，都不可能是万能的。就像打字机发明后，有人预言过，打字机将会代替铅笔和钢笔。但是，从世界上第一台打字机问世，至今已有100多年了，可人类普遍使用的普通书写工具仍然是笔。20世纪40年代，人们发明了电子计算机，随着计算机的广泛普及和电子信息技术的飞速发展，许多人争论，数字化图书能否代替纸质图书，带来印刷业的革命，然而许多年过去了，人们的生活依然离不开纸质书籍。

科学技术的迅猛发展，速录设备从过去的录音机、自动书写机、电子速记机，到现在的录音笔、MP3、MP4、录像机等，尤其是网络技术和计算机辅助教学的普遍应用，在很大程度上改善了人们记录和书写语言的条件。但是，我们不仅要关注现代化记录工具的研制和使用，更应当看到速记本身所具有的独特的使用价值和无与伦比的优势。

（一）速记与音像记录

首先，速记和音像记录是两种不同的记录方式，它们的共同点是，都能记录有声语言，但如果要把有声音像变为文字，还得使用速记，因为记录的声音速度依然很快，一般文字是记不下来的，要转换成汉字文本，就得不断地回放，这会浪费很多时间。

其次，在录音时，不管需要与否，只要是声音都全部收录下来，在记录语言时也只能是机械地照录，会场上的杂乱声音，其他不相干的物品发出的声音，统统夹杂其中，为以后翻译成文字造成很大困难，而用速记记录语言，既可详尽记录，也可以记纲要，删除繁芜而选重点，运用起来十分灵活。

此外，速记记下的符号容易查阅，方便修改，而录音带很难查阅定位，如果要寻找一句话或某位同志的发言，只能从头听一遍，十分麻烦，发现问题也不能修改，保存起来也不如速记方便。

再次，音像设备的使用有时会受场合、电源等条件的限制，在一些特殊的采访和重要谈话时，音像设备却不能使用或限制使用。例如在采访时，有些人一见镜头，就说话拘束，结结巴巴，达不到采访的预期效果。一些资深教授、专家等，往往也会提出“我是随便聊聊，请不要录音”，婉言谢绝录音。平时与别人交流时，未经允许而私自录音，常被视作是不道德和不礼貌的行为。此时如果使用速记，就可机动灵活，详略自如。

第四，经常用手写速记有助于发展智力。医学专家研究表明，对大脑的健康来说，最重要的是手指的运动，如练习书法、速记、绘画等。通过运动手指来刺激大脑，可以阻止和延缓脑细胞的退化过程，有利于保持大脑的功能健全，促进智力发展和思维敏捷，同时也有助于日常生活和工作中建立起速度、时间观念；有助于扩大知识领域，提高理论水平和文字工作能力，这些都是记录语言的各类机械工具所不能及的。

此外，速记有其独特的优势，在于它不仅能记录有声语言，还能记录无声语言。速记能够用于起草文稿、写日记、记笔记、拟发言提纲、摘抄资料等，这是令录音设备望尘莫及的。从另一个角度看，速记也不能代替录音器械，录音设备可以把讲话人的口音、语气、吟唱，都如实地记录下来，这是速记做不到的。

总而言之，速记与录音设备在记录语言时是两种不同用途的记录工具。二者既不能相互取代，也不相互排斥；可以将两种工具有机地配合起来，使之相辅相成。例如在一种特殊的无法用速记记录的场合，可以使用录音机将声音记录下来，然后再用速记进行整理；在一般重要的活动记录中，将速记与录音录像设备并用，通过录音核对和补充速记的内容，还能达到声情并茂的良好效果。

（二）速记机械化与电子化

19 世纪出现了打字机，在文字机械化的同时，人们也开始了速记机械化的研究。早在 1827 年，法国人冈诺就已经有了“速记机”的构思。1874 年意大利人哈瑞教授发明以音节为单位的打字机，1878 年美国的巴尔卓罗设计了速记机，英国、法国、日本的速记机也都很盛行。我国市场也流行着多种速记机，如“亚伟中文速记机”。

速记机的特点是“数链并击”，即一次可以打出一个词甚至一句话，速度大大提高，甚至可以超过语言速度，其效率是十分惊人的。

伴随着现代科技的发展，电子化和信息化浪潮的推进，电脑速记的使用更加普遍。电脑速记是手写速记在电子化、机械化方面的延伸，我们直接将文字输入电脑，非常利于文字整理、编排和传输，因此在会议记录、音像传媒的文字录入方面，电脑速记的工作效率要远远优于手写速记。

但是对于学生来讲，受环境和条件的限制，高科技速记对我们而言，并不实用。比如要记录数学的图表、公式和图形，在电脑上绘图是非常麻烦的。学生接触最多的还是纸质材料，学习速记，一支笔，一页纸，就可以快速记录思维的灵光和智慧的精华，对学生而言是十分必要而且有用的。

（三）COPY 笔记

有些学生投机取巧，直接复印同学的笔记或是打印教师的课件，这种做法看似很便捷，实际上错失了一次重要的学习过程。

每个学生的知识水平和学习能力状况不同，在记笔记和整理笔记时，都会融入自己的认知偏好，比如重点记一些知识，而忽视另一些信息。如果自己亲自动手做笔记，就可以根据自身的情况，量身定做适合自己的笔记。对于自己耳熟能详的知识，就可以不记或一笔带过；对于自己不熟悉的、理解起来比较困难的知识，就详细记录、重点标记；还可以根据自己的思路，整理一套易于记忆和理解的知识结构图，或在笔记中补充一些实用的解题小技巧、小贴士等等，促进我们更好地理解知识。

常言道，“写一遍等于背十遍”，自己动手整理笔记，不仅能够积累材料、丰富知识、开阔眼界，而且手脑并用，有利于加强记忆，提高学习和复习的效果。

相关链接

正确的写字姿势、执笔和运笔方法

1. 正确的写字姿势

当前学生中出现许多不良坐姿，有头歪、肩斜、身歪、腰弯、胸压桌沿等，对学生视力和身体的正常发育造成了严重的影响。因此矫正坐姿，养成良好的坐姿习惯，是非常必要并且十分重要的。

正确的写字姿势是：“头正，背直，胸挺起，胸口离桌沿一拳左右；两脚平放与肩同宽；左右两臂平放在桌面上，左手按纸，右手执笔。眼睛与纸面的距离应保持在一尺左右。”也可以概括为十字要诀，即：

头正——书写时头摆正，不能向左或向右偏，并略向前倾，眼睛距书本一尺（大约30厘米）左右。

身直——胸挺起，背撑直，胸口离桌沿一拳（大约10厘米）左右。

肩平——两肩齐平，不能一边高，一边低。

臂开——两臂自然张开，左手五指伸开按纸，右手书写。

足安——双脚自然平放在地上，两脚之间的距离与肩同宽，脚尖和脚跟同时着地。

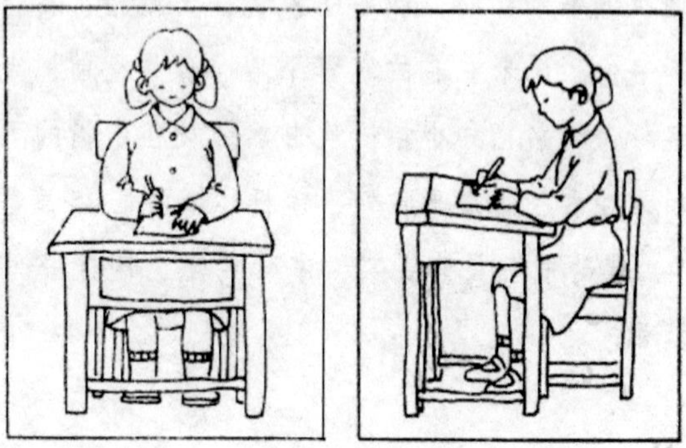

正确的写字姿势

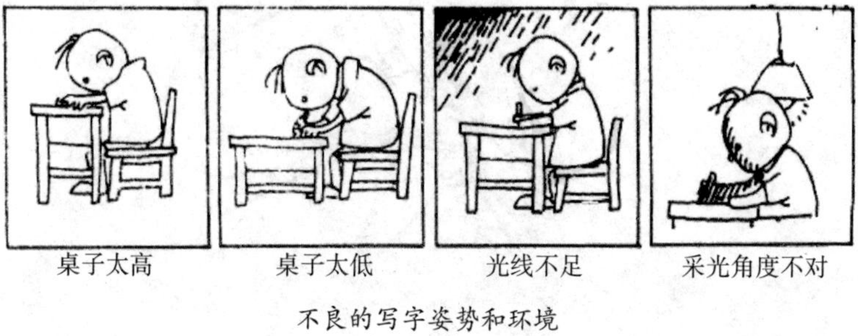

桌子太高　　桌子太低　　光线不足　　采光角度不对

不良的写字姿势和环境

传统的写字训练强调纸要放正，以便书写出工整的字体。兼顾到平时的写字习惯和快速书写的要求，速记本或纸应斜放在自己的面前约与桌沿成30度角（见下图），这样书写起来运腕比较方便，符号容易写得准确、流利。

速记本与桌沿成30度角

2. 正确的执笔方法

正确的执笔方法是便于灵活运笔、表现各种字形的必要条件。速记的执笔要求与普通执笔基本相同，即右手执笔，大拇指、食指、中指分别从三个方向捏住离笔尖3厘米左右的笔杆下端。食指稍前，大拇指稍后，中指在内侧抵住笔杆，无名指和小指依次自然地放在中指的下方并向手心弯曲。笔杆上端斜靠在食指的最高骨处，笔杆和纸面呈45度左右。执笔要做到“指实掌虚”，就是手指握笔要实，掌心要空，这样书写起来才能灵活运笔。如下图所示。

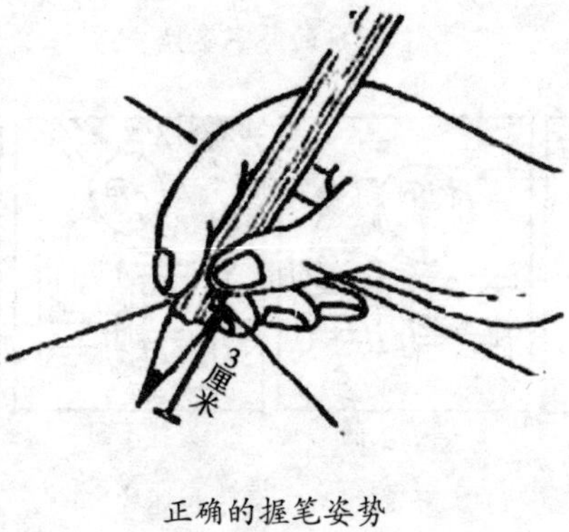

正确的握笔姿势

常见的不正确的握笔姿势有：笔与纸面太过垂直；两只手指夹笔；笔握的太高或太低；手腕弯曲握笔；小指伸直，用力过轻或过重等等，如下图。

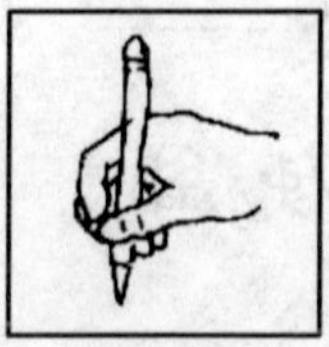
握笔太竖

两个手指夹笔

抓得太低

抓得太高

3. 正确的运笔方法

所谓运笔，就是非常熟练地掌握在纸面上运动的笔尖的方向、轻重和速度。

快速书写时，主要靠手指和手腕的结合，“执笔在指，运笔在腕”，如果我们的手腕和手指不能配合一致，单靠手指的活动，那是写不快汉字的。此外，钢笔字的运笔一般不用悬腕。

速写时，应做到“下笔要轻，运笔要快”。“执笔要紧而不死”，这是“轻”；“运笔要活而不浮”是“快”。运笔过程中的起笔不能“按”，要轻快起笔；行笔不能“慢”，笔画要“细”而“急”；收笔不能“提”，要向右倾斜，以便于连写。

一般来说，写的字越小，笔杆距离纸面的角度就越大，手腕容易发僵；相反，写的字越大，笔杆距离纸面的角度就越小，越不容易掌握笔势；如果下笔较重，笔杆就运转不灵活；如果运笔发滑，也写不好字。因此要养成良好的执笔运笔习惯，如果方法不对，要及时纠正。

在实际的书写过程中，执笔和运笔是同时进行，而不是孤立存在的。只有同时把执笔和运笔配合好，才能提高书写的速度。

第四章 笔记补丁大全——笔记的整理、保存和使用

下面是学生明明与老师的一段对话，对于他的情况，相信很多同学都会有同感。

明明：我上课笔记做得一直都很认真，老师说的话我一句不漏地写下来了。全班就属我的课堂笔记最全了。我想我记得那么认真一定记得印象深刻，考试绝对不会有问题。但是每次考试的时候，拿到考卷有很多题目我都觉得上课听过，也记下来了，但就是想不起来。那种时候心里就很急，但是又没办法，就只能凭感觉猜测着答题。考完之后一翻笔记真的发现大多数题目的答案我其实都已经记下来了，但是考试的时候有很多都猜错了。哎呀！我那时的感觉别提有多窝囊了，就把笔记扔在一边。我当时就想我再也不做笔记了，做笔记一点用都没有！

老师：听起来你真的对记笔记的效果挺失望的。明明花了很大的精力，但是感觉没有得到应有的回报。

明明：对啊对啊！就是这样，有几次考试成绩特别不好的时候，我看到我那本笔记本的蓝封面就伤心，后来考完试都不敢翻笔记验证了。但是真的让我不记笔记我心里又不踏实，毕竟周围的同学都在奋笔疾书。唉，总之，好矛盾啊！老师，我该怎么办？

老师：嗯嗯，你觉得做笔记没什么效果，但又不得不记，生怕不做笔记更要比别人落后了。

明明：对的，就是这样。我觉得现在就像到了一个瓶颈，好像不管怎么努力也不会有什么进步。

老师：是的，我理解。听你说了这么多，我想问你一个问题，你在做笔记上花了很多精力，那么你课后会不会回过头去对你记下来的东西再进行整理和加工呢？

明明：没有，我一直以为只要记下来就好了。人家都说“好记性不如烂笔头”，我想我都这么认真地用笔写下来，那肯定就记住啦。考试复习我一般也是看课本，老师一般也是按照课本讲的课嘛，还是看课本清楚一点。

老师：你想想，你把老师上课的内容记下来到底是为了什么？我们把别人说的话给记录下来变成纸上的文字，究竟是为了什么呢？

明明：（沉思片刻）是为了之后想再看那些话的时候还能够很容易地看到……

老师：对啊！我们把听到的东西记下来，这个抄写记录的过程确实可以帮助我们记忆，那的确是比只听不记的效果要好。但是它的价值更多在于之后的整理和加工啊，也在于日后对笔记的使用。而且上课的时候，你是按照老师的思路记的笔记的，但是老师的思路不一定跟你自己组织知识的方式对路。

明明：那我就应该把老师的思路转换为我自己的，是吗？

老师：说得不错。经过你自己的加工和整理，你对知识的理解会更深刻也会记得更牢固。这样知识才是真的转化成你自己的了。考试之前用这样的笔记进行复习，效果也会更好。

明明：对啊，我应该对着笔记复习。如果用的是已经整理好的笔记，那么复习起来就更省力了。

老师：是的。因为你在用你最舒服的方式回顾这些知识嘛。另外，老师上课讲的内容只是他对这一部分知识的看法，那不一定绝对正确、绝对完整。如果你能带着老师的观点再看教科书、辅导书，或者向老师和同学请教，应该能学得更全面、更透彻。

明明：老师，我明白了。原来真正的功夫在课堂之外啊。我以后会好好利用我的笔记的，我想我会越来越喜欢那本蓝色笔记本的。谢谢老师！

同学们，从明明的经历中，我们可以看到笔记的价值其实更多是在课外、在课后。

法拉第在《回忆马克思》一书中写道：“……他（指马克思）有那么一种习惯，隔一些时候就要重读一次他的笔记和书中做上记号的地方来巩固他非常强而且精确的记忆。”从这句话中，我们可以看出，马克思渊博的学问与他重视记笔记、善于整理笔记是分不开的。

第一节　笔记美容——笔记的整理

一、为什么要整理笔记

一般情况下，我们在做课堂笔记的时候就已经加入了自己的理解和提炼，用符合自己习惯的方式，跟着老师讲课的思路，记录下要点和重点。但是在课堂上毕竟时间有限、精力有限，因为同学们必须分出一部分精神来听老师讲课，听懂了才能立即在脑子里整理出难点和要点，并且记录下来。这样留下的笔记材料很有可能只是一堆残缺不全、自己也不明白的东西，如果不做整理和加工，那么笔记的价值也就大打折扣了。

有的同学可能会这样想，如果认认真真、一丝不苟地照搬老师的话语和板书，那就能得到工整、完整、一目了然的课堂笔记了。其实不然，一方面这样做的工作量很大，几乎难以完成，另一方面，这也完全剥夺了同学们理解和思考的空间，未经思考和理解的笔记对学习的帮助是很小的。

所以，如果你按照前面几章介绍的方法记的课堂笔记，那么一堂课结束之后，笔记很有可能还处于一种结构不够合理、加工比较粗糙的初级状态，有些内容甚至还只是用一些简单的速记符号来表示的。这样的笔记，其最大的不足在于，很有可能在重新阅读它的时候你会觉得非常吃力，对于一些临时的缩写或符号、一些灵光即逝的想法，你可能很难回忆起它的意义，从而难以重构出记笔记当时的用意。那么这些“被遗忘”的内容就基本失去了它的价值，是十分可惜的，也违背了记笔记的初衷。

记完就扔的笔记往往使得记录时候的辛苦都前功尽弃了。本章开头明明的例子仅仅表现了课堂笔记这个侧面，其实阅读笔记和活动记录也一样。很多同学读一本书的时候，一边读书一边频频点头，觉得收获很大。虽然有些同学可能在读书的时候也做了一些记号、评注和摘记，但是把书看完之后就将它随手一扔，不再去碰它了。

没有经过补充和整理的读书笔记，即使想要再拿出来使用，也往往会一头雾水。因为当时是信手而划，随手而记，这样做下的笔记往往条理模糊，不成系统，于是便会给同学重看笔记的时候带来很多障碍和不便。而更多的时候，同学们不会想到再去翻阅读书笔记。我们记忆的容量是有限的，一本几十万字的书，能留在我们记忆里的内容能有多少？阅读中的种种收获也要通过事后的整理工作才能更好地沉淀下来，凝结起来，成为我们闪闪发光的智慧财富。

活动记录就更需要做这些后续工作了。我们知道，质量高的讨论往往气氛热烈、火花四溅，参与者你一言我一语，各种新鲜的想法不断奔涌出来，想要跟上大家思维速度，抓住发言要点和闪光点，往往需要记录者借用速记的技术。大多数时候，讨论结束之后拿到手的笔记材料，它的凌乱程度和简略程度相比课堂笔记可是有过之而无不及啊。如果没有有效的再加工，活动记录的效用就十分的低下了。越是丰富和精彩的讨论，其整理工作就越是繁重和必要。

以上内容已经告诉了大家，笔记的整理、保存与使用是多么的重要。

原始的笔记里价值多多，内涵丰富，但是却蓬头垢面、邋里邋遢，难以让她“美丽的内心”被人们看到。整理笔记就好比给笔记洗洗脸，整整头发，擦擦乳液，化点小妆，呈现出一番清新明亮的面貌。

所以说，我们需要对那套初始的笔记进行再加工，再加工的任务包括内容补充、符号还原、结构整理等等。我们会在本章后面的内容中学习到再加工的具体方法。

二、我们要整理什么

（一）知识

这里所说的知识是指我们在上课、阅读和讨论中学习到的、升华出的知识，在笔记中它们会按照我们自己的组织结构呈现出来。就好比我们原先的知识经验是一棵大树的树干、树枝，而新的知识是树上的花朵和树叶，他们虽然与树干和树枝的材质颜色截然不同，却是依附着树干和树枝的形态生长的。然后随着时光的流转，花朵和树叶落叶归根，逐渐化入树干和树枝之中，去迎接新的花朵和树叶。

（二）技能

技能一般指在运用知识解决问题中，比如归纳段落大意的技能、快速阅读英语短文的技能、配平化学方程式的技能等等。仅仅知道和理解知识是不够的，能够在解决实际问题的过程中，灵活使用知识达到自己的目标，这才是实现了知识的真正价值。将知识融入解决问题的能力中去，才能应付各种千变万化的新问题。

（三）经验

经验更多是指学习中遇到的比较个人化的经历，比较典型的例子就是自己容易犯的错误。在更高的层面上也包括对你来说学习某一门课的有效方法。这些高度个性化、为你度身定做的经验对你来说是十分珍贵的，你在自己的实践中摸索出来的方法往往对你来说是最有效的。当然如果能再参考一些学习专家（老师、辅导书、优秀的同学）的意见和建议，你的方法会更科学。

（四）感受

其实，学习并不是一个死气沉沉、枯燥无聊的过程，这其中充满了各种活生生的体验。比如读了一篇优美恬淡的散文，你会觉得心绪宁静；用自己的方法解决了一道数学难题，你会感到成就感十足；一篇英语的完形填空错误率高达50%，你会感受到失落和焦急。这都是非常真实的感受，如果能将之记录在你的笔记中，让它成为一本小小的学习日记，留下那些充满了甜酸苦辣的学习生活，那会让你的笔记更加“有血有肉”。

三、怎样整理笔记

（一）笔记整理的基本过程——笔记整理“七字诀”

由于种种原因，你在课堂上做的笔记往往比较杂乱，课后复习不太好用。为了巩固学习成果，积累复习资料，你需要对笔记做进一步的整理，使之成为比较系统的、有条理的参考资料。遵照下面的“七字诀”去做，就能够更有效地对你的笔记再加工，使你从课堂上获得的知识融入你的知识体系，更好地为你所用。

忆。即课后抓紧时间趁热打铁，对照书本、电子课件、笔记（自己的和其他同学的），及时回忆有关信息，回忆上课的内容。这是你整理笔记的重要方法。

补。课堂上所做的笔记，因为是跟着教师讲课的速度进行的，而讲课速度要比记录速度快一些，所以你的笔记会出现缺漏、跳跃、省略等情况，因此需要在忆的基础上，及时做修补，使笔记更完整。

改。仔细审阅你的课堂笔记，对错字、错句及其他不够确切的地方进行修改。

编。用统一的序号，对笔记内容进行提纲式的（如画出关键词和重点语句）、逻辑性的排列，注明号码，梳理好整理笔记的先后顺序。在原始笔记的顺序与你整理出的顺序不太统一或给你的阅读带来障碍的时候，有必要重新誊写。

分。用不同颜色的笔以文字或符号、代号等划分笔记内容的类别。例如：字词积累用红色浪线画出，作家与作品背景用黄色荧光笔涂画，问题质疑和自主探索用绿色星号标出，课后练习题解答则用蓝色框框出等等。

这是一种比较快捷便利的方式，如果希望笔记内容的分类能够更清晰工整的话，还可以再准备一本笔记本，将不同类别的内容集中誊抄到对应的板块中。这样的分类和标记会方便你日后的索引和查找，提高笔记使用的效率。

舍。省略无关紧要的笔记内容，使笔记简明扼要。笔记的简明，一方面说明你已经去芜存菁提炼出了精华，另一方面也说明知识和技能已经“住”到了你的大脑里，不再需要外界给太多太多的提示。

对此，你可以制作精简程度不一的多个版本的笔记，以满足不同的需要。比如对于最近学习的知识和技能，你是比较熟悉的，那时只需要一个描述大致框架和要点的知识结构图，你就能快速在脑中梳理清楚你要复习的内容了。但如果是复习几个月前学习的东西则需要一份更详细的笔记帮助你复习和回忆。

记。即分类抄录经过整理的笔记。同类的知识，摘抄在同一个本子上或一个本子的同一部分，也可以用卡片分类抄录。这样，日后复习、使用就方便了，按需索取，纲目清晰，快捷好用，便于记忆。

当然我们前面已经提到，如果经过各种符号的提炼和标记，你的原始笔记就已经具备了比较好的结构性和系统性，并不一定需要再重写抄写。有些同学的笔记本本身就安排了很好的格式，使得他的原始笔记的结构清晰工整，大大减少了整理的工作量。当然这样的好格式也是他在笔记整理的实践中逐渐摸索出来的。

例如，在一次英语复习课堂上，老师讲了很多重点词组及其例句，我们下面来看一位同学整理后的笔记：

1. agree on 商定，决定，达成共识

The building of a new car factory was agreed on last month and a new company has been started.

2. agree to do sth. 同意做某事

Do they agree to sow wheat close together?

3. add…to… 把……加到……上

Chaplin's earliest films were silent, because the equipment for adding sound to films had not yet been developed.

4. be about to do sth. 即将做……

This afternoon I was just about to go swimming when luckily our guide saw me and shouted at me, " Stop ! Don't swim ! "

5. be anxious about 为……而忧虑

We've been anxious about you.

6. be busy with 忙于……

He is always busy with his farm work.

7. be fit for 适合于

If we go on polluting the world, it won't be fit for us to live in.

8. be fond of 爱好、喜爱

The Irish are very fond of music and poems.

9. blow down (风) 吹倒

Fifteen million trees had been blown down by the high winds, blocking roads, paths and railway lines.

10. burn down 把……烧成平地、烧光

The bedclothes catch fire and the whole house may be burnt down.

11. Burn…to the ground 把……烧平

In the country the revolutionaries set fire to the nobles' castles and burnt them to the ground.

12. cut off 切断

The electricity was cut off for several days too.

13. call at (a place) 访问（某地）

He called at the hospital after work to find out whether Mr King was better.

14. call back 回电话

Can you ask him to call me back ?

15. call for 要求、号召、约请

People are calling for freedom of all slaves.

16. call in 招集、招来

The army was called in to cut through fallen trees and to help clear the roads and paths.

17. call on 拜访、访问

So I called on you and asked if I could borrow some money.

18. catch fire 着火

Suddenly a pan of oil catches fire.

上面提到的这“七字诀”，对于所有科目的课堂笔记都是很适用的，它基本概括了笔记整理的基本过程。从某种角度说，它就是要求同学们调动更多的可用资源（自己的即时记忆和过去的知识、书本、课堂笔记），以及我们的智慧和思考，来使得课堂知识被更高质量地保存到我们的大脑里面，供我们使用。

活动记录基本也是按照这样一个套路整理。有所不同的是，讨论的参

与者都可以作为我们的重要资源。讨论内容的记录者可以在讨论结束了以后组织一个回顾性的小结，带领大家一起来回忆讨论中的重要内容并激发成员的即时思考。

回顾性小结的具体功能是什么呢？由于记录者在记的同时还要花心力倾听和归纳，这使得笔记的基本完整性难以得到保证。同时活动记录又是以记录者一人的视角做出的，这难免会出现偏颇和局限。这时候，大家用回顾性小结来鼓励群策群力，就更容易发现记录者遗漏的很多讨论成果甚至激发出新的讨论成果，从而使得活动记录更加完整和完善。

这其实也就是在七字诀的前两步“忆”和“补”上，充分利用了讨论参与者的集体智慧，后面的五步则应推选思维能力和归纳能力强的人来完成。整个过程中，讨论参与者都可以献计献策，使得活动记录无论是在内容上还是结构上都最大限度地发挥集体的力量。

而阅读笔记由于记录的时候时间比较宽松，可以自由调节，因而直接记录下来的内容就已经比较完整和工整了，在“忆”和“补”上不用花太多精力。但是在后面的步骤中仍需要严谨地去完成。比如有的同学在阅读英语报刊的时候会随手摘抄一些陌生的词组和句型。

一般事先我们就会在笔记本上规划好相关的区域，词组和句型都会记录在相应的区域。但是当积累到一定程度之后，可能会发现仅仅以“词组”和“句型”分板块还太过粗糙。于是我们会逐渐细化我们的排版，如在“词组”板块逐渐整理出某个高频词的词组专题（如“put”的词组专题，“get”的词组专题等等），在“句型”板块进一步细分出感叹句专题、强调句专题。

而对于某些书刊比如小说、科普读物，你在阅读的时候更多就是记录下其基本的构架、要点和自己的感想 。

总之，在事后回顾整理的时候，我们就脱离了我们原本阅读的书籍报刊（即使涉及，它们也是作为完善笔记的参考资料），而把着眼点放在我们的读书笔记上了。我们对之进行审视和再加工，使笔记中积累的知识和想法更加结构化、系统化，既加深了我们对这些知识和想法的理解，又方便了我们对之的运用。

（二）一种有效的笔记整理思路——笔记讨论

同学们，由于我们在课堂上很难把老师所讲重要知识点、自己的疑难点全部记下来，那么，下课后，我们就需要把我们的笔记与同学们进行交流、讨论。

通过交流，我们可以补充课堂上因无法跟上老师讲课速度导致的缺漏、跳跃、省略等没记下的笔记，进行查缺补漏，使笔记完整；或是发现自己记下的笔记的错误之处，进行更正，使笔记精确。

通过讨论，也许我们会发现，他人的记笔记方法更清晰、更合理、更高效；也许我们会分享如何既能好好听课，也能把课堂重点记下来的方法；也许我们会学习到一种新的速记方法等等。

此外，对于笔记的内容，经常讨论交流会加深对知识的理解和记忆，因为在交流的过程中，要将自己的笔记内容提炼、归纳，并复述表达给其他同学听，这个过程会加深我们对知识的理解和记忆。

（三）三种具体的笔记整理形式——列提纲、知识结构图和板块规划法

1. 列提纲

相信这种方式大家都已经很熟悉了，即要求大家把知识分门别类地整理成简明扼要的要点，要求结构清楚、言语精简，能够让看的人一目了然，迅速领会这一部分知识的精髓。

下面一道化学题目的例子就是一个非常典型的知识提纲。当然，看笔记、用笔记的人是你自己，所以按照你自己最喜欢、最容易理解的方式整理知识提纲就好，不必拘泥于下面给出的形式。

示例：酸碱的定义与性质

酸【定义】：电离时生成的阳离子全部都是H离子的化合物叫做酸。

碱【定义】：电离时生成的阴离子全部都是OH根离子的化合物叫做碱。

盐【定义】：电离时生成金属离子和酸根离子的化合物叫做盐。

酸的化学性质：①石蕊试液遇酸变红色，酚酞遇酸不变色。

②金属+酸══盐+氢气。

③金属氧化物+酸══盐+水。

④酸+碱══盐+水。

⑤酸+盐══新酸+新盐

碱的化学性质：①跟酸碱指示剂反应，使紫色石蕊变蓝，使酚酞变红。

②跟非金属氧化物反应生成盐和水。

③碱+酸══盐+水。

④碱+某些盐══新碱+新盐

2. 知识结构图

知识结构图是一种非常常见也非常有效的知识整理方法，因为它跟我们的大脑存储和运用知识的形式是十分接近的。这是一种通过层级网络的方式联系相关概念的形式。因为它与我们的大脑储存知识的方式是一致的，所以这是一种非常科学和有效的呈现知识的方式。

示例1：数学——四边形

这张知识结构图主要的目的在于呈现四边形的各种特例及他们之间的关系。这张图很有创造性地使用了具象图形（如正方形、菱形的图形）和抽象描述（如“一个角是直角”“两腰相等”）相结合的方式，而且图形与文字是紧密对应的。这种方式从两个不同的角度巩固了四边形的知识系统，丰富了“四边形家族”在我们心中的形象，这是非常有利于同学们记忆和理解的。

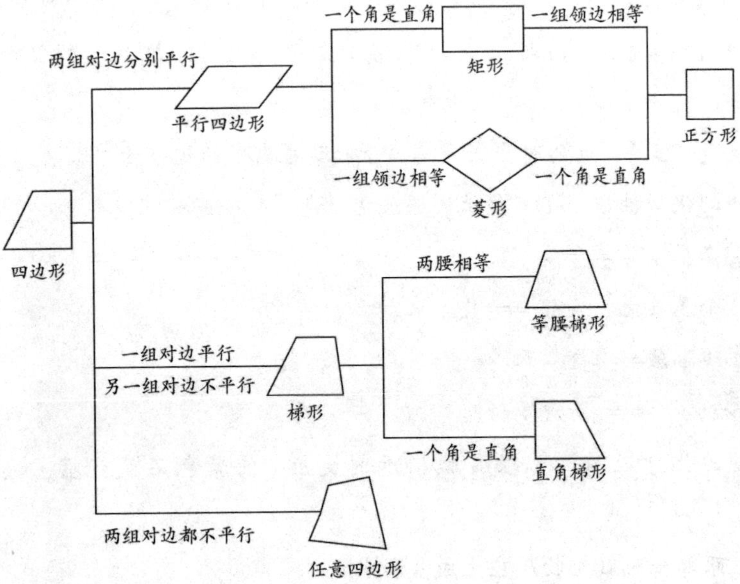

四边形知识结构图

设想一下，你的同学给你介绍他的一个朋友，之前你跟他的这个朋友完全不认识。你的同学有两种方法向你介绍他的朋友，一种是给你看他的照片，另一种是向你描述他的个性和爱好。

如果你的同学同时使用了这两种方式介绍，我相信肯定会比只用其中的一种让你更了解他的朋友，也更容易记住他的朋友。也就是说，你理解和记忆一套知识结构的方式越是丰富，就越利于你对它的学习。

在实践中，我们可以按照自己的习惯自主地开发各种知识点的表达方法，除了视觉性的文字和图像，还可以有听觉性（如英语单词的发音）的，甚至场景性的，如通过回忆做某个物理实验的场景来记忆实验操作要点。

示例2：数学——圆

下面这张关于圆的知识结构图较为全面和简要地整理出了与圆相关的

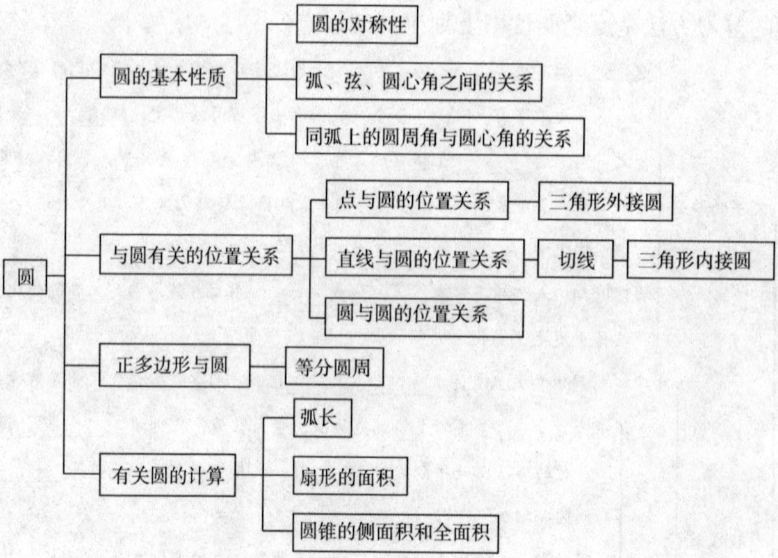

圆的知识结构图

各个知识点和考点。与上面那张结构图不同，这张图的目的并不是侧重于具体知识点的理解和记忆，而是在于能够全面囊括该主题的所有相关知识。如果已经对这些具体的知识点掌握得不错了，你可能只要照着这个宏观的结构确认自己是不是已经掌握了所有知识点就可以了，若发现缺漏就再按图索骥复习具体的知识点。

示例3：历史

大家可能一般会认为历史、政治这样的科目偏向文科，学习这些副科就是背诵各种零散的知识。其实不然，这些科目往往也有很强的内在逻辑性。比如下面列出的这个历史的知识结构图，它把某一个特定时代的历史知识点分类编辑成了一个结构图。很明显，在这个结构图的帮助下，我们的记忆和复习都会变得更轻松一些。

值得一提的是，这个结构图使用了填空题的形式，将重要的知识点换成空白横线，要求我们在复习的时候背诵或默写出这些知识点，这是把考试的题型和复习笔记结合了起来，是能够大大增强复习效果的。比如有些同学的复习方法是反复阅读书上划出的知识点。

- 文字的演变
  - 甲骨文：刻写在______和______上的文字称为甲骨文。目前已释读的甲骨文单字有______多个。我国有文字可考的历史是从______开始
  - 金文：商周的______上铸刻的文字，叫做“金文”。西周晚期，有人将文字统一整理成“____”，周朝在青铜器上铸刻的文字，有一件达______字之多
  - 战国时期，人们用毛笔在______或______书写，随着书写工具的变化，字体也发生了变化
- 科技成就
  - 文字：商朝甲骨文里有许多____、____记载，科学家验证，认为是可靠的
  - 历法
    - 相传______多年的夏朝就有历法，今天农历，又叫“______”。商朝时的历法，一年分为______月，大月______天，小月______天，闰年增加一个月
    - 战国时期，人们测出一年______个节气，以便安排生产
  - 医学
    - ______是春秋战国之际的名医，他能用______、______、______治疗疾病。他总结的______、______、______、______四种诊断疾病的方法，一直被中医沿用
- 文学艺术
  - 屈原
    - 屈原生活在______末期的楚国，他吸收民歌精华，创造出一种______。
    - 代表作《______》，世界和平理事会把他定为世界______
  - 音乐
    - 春秋战国盛行的“______”，反映我国古代音乐水平
    - 湖北______出土的大量钟鼓乐器，其中以______最为珍贵

历史知识结构图

但是考试的时候的题型却是简答题，即要求把这些知识点都默写出来。这时候那些仅仅看书复习的同学就会感到比较困难。如果他复习的时候就使用默写要点的方式，情况可能就不一样了。使用考试的形式复习，能帮你做一次逼真的“预演”，让你在考场上更加游刃有余。

示例4：生物

下面这个图是一个生物知识的结构图。从图中我们可以发现，生物也是一门内部逻辑性较强的科目。其实无论主副科，向我们展现的知识都是人类几千年智慧的积累，都是人类发展的精华，因此教材和老师向大家呈

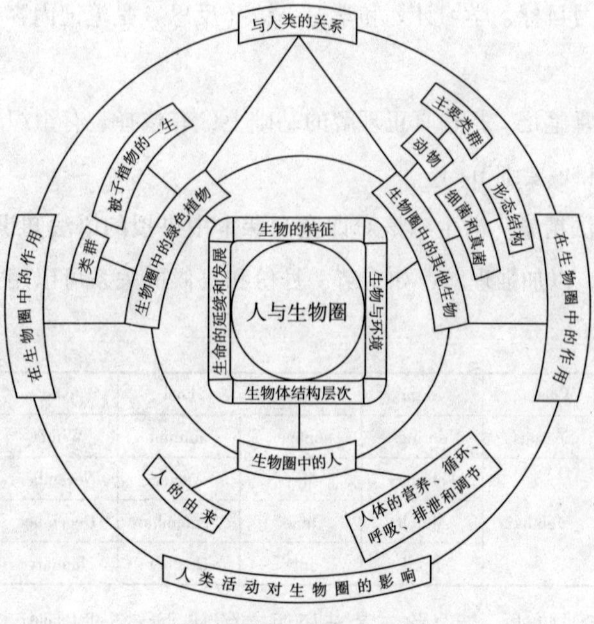

生物知识结构图

现的知识内容本身结构性、完整性就很强，也是很利于我们理解和记忆的，只要你愿意去整理和发现。

3. 板块规划

相信你在阅读报刊和杂志的时候已经对这个形式比较熟悉了，也就是一份报纸和杂志会划出不同的专题板块，刊登专门的内容。对于那些结构比较松散的学科（如语文、英语），很难整理出上面介绍的知识结构图。

对于这样的学科，就可以使用板块规划的方式整理笔记，将知识分为平行的专题板块。随着整理方法逐渐成熟，你可以将行之有效的板块规划形式转化成固定的笔记格式，那么在记录原始笔记的时候就可以利用这个格式对接收进来的知识进行梳理了。

下面就以英语笔记为例，给出一个用板块规划法整理笔记的具体实例。

英语笔记本的内容主要包括以下板块：

（1）学习目标、学习计划和学习小结（反思）是笔记内容中不可缺少的部分。

（2）课堂笔记。指在真正理解的基础上，有选择、有组织地记下所听课程的要点和重要细节。

（3）语法精华。学生应该对课堂和课本中讲授的语法知识进行分析、整理、归纳，以加强理解，如季节、月份和气候的关系可以用如下形式进行整理：

Weather	warm	hot	cool	cold
Seasons	spring	summer	autumn	Winter
Months	February	May	August	November
	March	June	September	December
	April	July	October	January

（4）规则口诀。就是将有关英语语言的某种特征或规则的描述用口诀的形式表示，以促进对于这种特征和规律的掌握。如：

规则口诀	例子
我用 am，你用 are，is 用于他她它	I am ten. He is ten.
or aftert expect the headmaster’ computer	Inventor

（5）English 诊所。我们在平时的作业、练习或测试中会犯各种各样的错误，我们应该从失败中吸取经验教训，学会分析错误的原因，理清解题思路，以免一错再错。如：

题号	题目	解题思路	答案
1	I have a uncle and a aunt.	uncle 和 aunt 均以元音开头	an，an
2	It’s kind for you to say so.	kind 表示人品，性格特征	of

（6）名言谚语、趣味拾零。汉语中有很多妙趣横生，充满着智慧和幽默的成语、谚语、名言、歇后语，英语中也有很多类似的金玉良言。如果能在平时的学习和阅读中注意做一些这方面的摘抄和翻译，会给你的英

语学习带来很多乐趣。

在这个过程中，你能够体会到语言的无穷魅力（例a）。在参考别人的译文或者你自己做翻译的过程中，你还可以发现很多中西方文化的差异之处和相通之处，这种比照也是非常有趣的（例b）。

a. She saw a saw saw a saw.（她看见锯子锯锯子。）

Never trouble trouble till trouble troubles you.（别惹是生非。）

b. Time and tide wait for no man.（光阴如箭，岁月如梭；逆水行舟，不进则退。）

A friend in need is a friend in deed.（患难之中见真情。）

（7）实用英语。其实语言究其最根本的价值和作用，还是在于日常的交流之中。我们应该注意观察生活中和媒体上使用的英语，如服装中英文标志、各种品牌英文的含义，饭店里的英语菜单，车票、机票上的英文字样，家用电器、食品、药品、美容品、银行卡、电话卡的使用说明，酒店、旅馆、工厂等各种单位的英文名称和企业简介，英文广告、海报，街道、住宅、单位、风景点的指示标志、交通标志、欢迎标语，节假日英语及各种禁令等。

当你发现英语在你的生活中无处不在、息息相关，而不只是书本上的枯燥字母，那么你的英语学习就会变得更加趣味十足、轻松愉快。比如学习 make a telephone call 之后，我们可以试着去阅读电话卡的英语使用说明，把发现的实用英语再记录在“实用英语”板块里。现在好莱坞电影和美国电视剧在学生中十分流行，通过电影、电视剧中的实际场景，我们可以以一种轻松的方式来学习实用英语。

其实，上面提到的这些例子同学们可能会觉得很熟悉，我们的教科书、老师的板书和很多课外参考书都多多少少会采用这种形式。我们往往也会觉得用这些形式呈现的知识点我们理解起来很轻松，记忆起来也很牢固。那为什么不自己也学习一下这种方法呢？

自己摸索出来的结构图才是最有利于我们理解和记忆的，这与量身定做的衣服最合身是同样的道理。我们这章能够给出的实例是有限的，更多的方法还是需要同学们自己去发现和发明。相信聪明的你一定能找到属于你自己的王牌方法。

当然，多参考和学习老师、书本以及其他优秀同学的知识整理方式，一定会让你的方法更科学、更有效，这些材料都可以作为你非常好的范例。毕竟老师和教材编者对这些知识理解得更透彻、更深刻，对于整理知识也更有经验。

在学习的过程中，我们应该争做运筹帷幄、决胜千里的大将军，做学习的主人，发现自己的才智，掌握自己的命运。而不是当跟着老师和教科书疲于奔命、横冲直撞的兵勇小卒。

我们每个人都是不一样的。有的同学喜欢配合感性而生动的例子（例如典型例题和自己的经历）来学习知识，而对于同样的知识，有的同学则用十分理性的、逻辑严密的方式（如抽象的图表）去学习，这都是依每个人的思维习性而变的。理科学科结构性和系统性很强，文科学科的知识则更多呈现出平行分块的态势。上面列举的两类方式本身也没有孰优孰劣之分，只要正确运用，它们所能达到的学习效果可以是一样的。

同学们是不一样的，但老师和教科书里向所有学生展示出来的方法都是一样的，如何使得这种“一视同仁”的方法能够为各不相同的学生所接受呢？除了老师和教材需要试着去因材施教考虑到学生之间的差异之外，我们自己也应该主动地对自己因材施教。找到自己的学习方法，在实践的过程中反复修正它使之更加完善，并且把它与老师和教材所呈现的内容衔接起来，这就是在对我们自己实行的因材施教。

我们自己是最能够了解自己的。听课的时候、看书的时候、做作业的时候、复习的时候、考试的时候……我们都可以轻松地拿到第一手资料，用来判断用什么样的方式自己学起来最有效、最轻松，什么样的方式让自己理解得最透彻、记忆得最牢固。我们才是自己的专家，只要我们愿意去观察自己、发现自己。

第二节　笔记档案——笔记的保存

一、为什么要特别关注笔记的保存

有很多同学一个学期结束之后就把这个学期记的笔记随手一扔，有的同学甚至还会在考后毁掉书和笔记泄愤，觉得考试完书和笔记的使命就完成了，使命完成了，寿命也就该到头了。但是，事实上我们应该明白，学习是一个长期积累的，甚至是贯穿一生的事儿，而不仅仅是为了通过某一次测验和考试。将测验和考试作为学习的终点是一个严重本末倒置的现象。

我们的笔记是自己思考的成果，是我们珍贵的学习日记，是一部特立独行的学海自传，也是一个打着我们个人印记的小小知识库。笔记中我们整理出来的学习结晶是十分有价值的。由于学习具有连续性、系统性，后面的学习往往需要建立在前面的基础上。因此至少在一定时间内，某门课的阶段性笔记是值得保留的。而有些笔记则没有阶段性，比如读书笔记就在很长时间内都不会过时。

上面其实点明了保存笔记的目的，即是为后面的学习打下基础和积累材料，也就是为了让自己在日后想要使用的时候能够查阅到相关的旧知识。怎样能够方便自己日后的查阅呢？那就需要在妥善保存笔记的基础上，将笔记集册编号，便于索引。下面我们介绍具体的保存方法，让我们把小小的知识库打扫得明亮整洁、井井有条。

二、如何保存笔记

（一）保存

纸张和簿本：选择比较结实的、纸张质量比较好的本子誊抄经过整理和加工的笔记。

字迹：使用不易褪色的圆珠笔或钢笔誊抄笔记，尽量做到字迹清晰，易于辨认。

保养和保存：笔记应集中起来妥善存储，散落在各处的笔记本既不容易整编管理，也不利于查阅。对于想要长时间保存的笔记，还应注意防潮防虫，基本方法跟书籍的保存是一样的。如果笔记是以电子版本保存的，还应注意对之进行备份。

（二）管理

在具体介绍管理方法之前，请你先回忆一下下面这个场景：你走进图书馆想要借一本书或走进书店想要买一本书，你一般会以怎样的步骤去做呢？我想你的答案应该跟下面列出的基本相似。

首先，确认自己要买一本什么书。即这本书的主要内容、书名、作者、出版社、出版时间、封面的图样等等。然后，你要根据掌握的信息去寻找这本书。通常情况下，不同类别的书（如文学类、社会科学类、经济管理类、科学技术类等）会集中在不同区域，你可以根据你所要找的那本书的所属类别缩小寻找的范围。在同一类书中，相同作者的书又会集结在一起。例如在外国文学类中，托尔斯泰的小说会放在一起，契诃夫的小说会放在一起。

有时，我们还会看到一些特色专柜，比如“红学”专柜，这也是明显告诉我们这一部分书的一个特征和属性，帮助我们判断是否要在这一排书架前面花时间细细搜寻。

也就是说，如果我们想要快速在“沧海”中挑选出我们所需要的“一粟”，必须满足两个条件。第一个条件是，每“一粟”都具有好几个属性，这样的属性就像坐标轴中某一点的坐标值。第二个条件是，“沧海”的结构是有条有理的，不同属性的书放在不同的位置，这样的结构就像是一个坐标轴，横坐标为正数的点在纵坐标的左边，横坐标为正数的点在纵轴的右边。

当我们开始积累笔记的时候，其实就已经建立了一个知识库。随着笔记的不断增多，我们知识库的容量也在不断升级。越是庞大的知识库就越是需要有条不紊的管理和安排，否则，待到你想使用库中资源的时候就会感到像大海捞针，无从下手。

对应上面的两个基本条件，我们首先应该先给每一小部分知识赋予一些属性，这些属性包括学习的时间（如初二第一学期）、知识的主题（如线性代数、英语谚语、文言文虚词、牛顿第一定律、金属元素、有丝分裂）、知识的整理程度（如详细课堂笔记、单元测验复习提纲、期末考试复习提纲）等等。这样的属性可以留待大家自己去发掘，选用哪些性质和属性来定位这部分知识是与你使用时的需要紧密相连的。

再者，我们要遵照第二个条件的要求，将这些知识按照它们的属性进行存放。比较传统的一种方式就是将相同科目笔记按照时间顺序存放。我们也可以将每一学期的期末复习提纲单独集结成册，作为一个简练的精华本，使得这一学期的知识点和学习经验都能够一目了然。如果能够再加上具体知识的索引，那么这还是一本功能强大的索引本，帮助你串联起这一学期的其他知识。

而对于语文、英语这样内在逻辑性比较弱且注重积累的科目，则可以按专题将笔记分类制作成专册，如诗词名句专册、文言文词义专册、英语语法专册、易错单词专册等。

还有一种专册是大部分学科都适用的，那就是错题集，即将自己在平时练习或测验中做错的题目分科抄写到专门的本子上，附上错误分析和正确做法（上一节板块规划法示例中的“English 诊所”就是一个很好的例子）。

有必要的话应对每一页笔记标注编码（如 sx－09－01－34，表示数学 2009 年第一学期笔记的第 34 页）以便编制目录进行索引。这里所说的目录是跟我们平时看到的图书的目录相类似的，即一个简明扼要、言简意赅的短标题对应一个页码。目录一般置于一册专辑的前面。

上面介绍的只是很少的一部分笔记管理方法，目的只是给大家一点提示和启发。还是这句话，更多的管理方式有待大家自己去发现，发现你自己的个性化方法。多观察一下图书馆、书店管理图书的方式，相信你会找到更多好的点子，把你的“知识王国”治理得井然有序，你可以随时轻松地调用“王国”中任何一个角落的资源。

为了方便系统地管理我们的笔记，建议大家使用活页纸誊抄笔记的定稿，这样原本按时间顺序记录和整理的笔记就可以按照你的需要灵活地进行安置，不会受到制作时间的束缚和限制。

下面，我们就前面提到过的期末复习提纲专册举一个例子。假设你在每个学期的期末考试之前，都会对这个学期的知识整理成一个简明的网络结构图。但是考完试可能也就不用了，就将它留在这学期笔记本的最后一页。如果你在高考复习的时候，需要统筹这三年所有的知识点，就需要将每一个学期的期末复习提纲提取出来集中成一册。如果你的笔记是活页的，那么就可以直接将每一本笔记本的最后几页复习提纲取出，用一个新的活页封皮编制成一本新的专册。

总之，使用活页本使得事后对笔记库的再整理变得更为便捷，整理出来的笔记也比较美观完整。即使日后想要对笔记进行新一轮的调整也同样方便，不会对纸张造成任何的破损。

如果想让你的笔记集更加整齐和美观，你可以参考正式出版的图书，试着为它设计封面、书脊（书刊封面、封底连接的部分，相当于书芯厚度）。特别是书脊，在其上标注一些文字和数字可以帮助你更快地找到一册特定的笔记本。事实上，花时间用在笔记本的美化和整理上，还有一个更重要的作用，那就是让你的笔记成为你十分心爱的、与你十分亲密的东西，那会让你的学习更有乐趣，成为你生活中喜爱的一部分。

第三节 巧“记”妙用——笔记的使用

一、如何使用课堂笔记

课堂笔记使用价值可以分为两方面，一方面在于它的格式，那是我们思维习惯的具体化；另一方面在于笔记的内容，那是一种经过整理和提炼的结构化知识。其实这两个方面在之前已经反复提到了，下面的内容既是介绍了笔记的运用，还从笔记的使用角度对这两个方面进行进一步的阐述，相信能够帮助大家更好地理解它们的意义和价值。

（一）课前预习

我们知道教材和老师安排的课程一般都是一个连贯的连续体，课程前后之间是有关系的。特别是对理科来说，往往同一主题的课程是由易到难、逐层深入的。在这种情况下，前一节课的笔记就相当于当下这节课的基石。

好比一个小孩子想要摘树上结的苹果。但是他年龄小，身子很矮，即使使出全部的力量跳起来也不能够到苹果。于是他就去附近找了一些废弃的石板，把几块石板叠起来垫在脚下，想要踩在石板上跳起来去够苹果，这样，石板的厚度加上他能够跳起来的高度正好能摘到苹果。

但是，想要站在叠起的石板上稳稳地起跳和落下并不是那么容易，必须把石板叠整齐了、放扎实了，或者请他的小伙伴扶住石板，以避免跳的时候发生摇晃甚至散塌。只有这样，站在上面的小孩子才能够放心地起跳，并且跳出他的最好成绩，摘到红彤彤、香喷喷的苹果。

回到我们的学习中，之前学习的知识就是那些让我们变得高大的石板。而学习新知识则像“跳一跳，摘果子”，凭我们现有的水平，我们无法直接理解新课的知识点，就像站在石板的我们抬起手来却还是摸不到树上苹果。但是在上课的过程中我们在老师的帮助，努力发挥自己的本领，逐渐掌握新的知识，这就像经过多次试跳最后抓到了苹果。踩在我们的脚下的石板就是我们的旧知识，它越稳固，我们就能跳得更好、更高。

由此可见，课前将前几节课学的知识复习一下，对学好下一节课的内容是非常重要的。而笔记正是一个帮助我们复习旧知识的好帮手。有的同学会选择看书复习，但是我们前面已经反复提到，有时候教科书上呈现知识的方式不一定是最适合你的，教科书帮你堆的“石板”可能不是最有利于你起跳的。最适合你的呈现方式在哪里呢？没错，就在你自己整理的笔记里。

踩在你自己堆的“石板”上你才能跳得最棒，因为你最清楚你的鞋子在跳跃时能给你多少弹跳助力，你最清楚你跳跃时用力的方式，即使你堆的石板在其他人看来不是那么严丝合缝，甚至别人站在上面起跳摘不到果子不说，还有可能跌伤。但是对你来说那是最好的摆放方式，因为那最适合你。

在翻看笔记的过程中，除了会看到知识之外，你还可以看到很多自己在学习前一节课时的心得，那有可能是一个小窍门，也有可能是一个小教训，这些你自己给自己的贴心“小贴士”，就像从过去那些“失败跳跃”中总结出来的经验，相信它们一定会帮助你以更加稳健的姿势起跳。

对于那些天天都会上新课的主课，整理当天笔记的过程本身就可以看做在为下一节做准备了。而对于间隔比较大的副科来说，就有必要在课前特地把讲上一节课的笔记拿出来看一下。

不知道同学们有没有发现，其实老师们经常会在新课开始之前复习一下前一节课的知识点，道理是一样的，也是想帮大家整理一下脚下的“石板”。但是老师的复习方法不一定对每个人都是最好的，其中的道理前面已经反复强调了好几遍，就不再赘述了。

（二）课上理解

在课堂上使用笔记一般可以有两种形式。

一种跟上面一点基本相似，就是复习旧知识。有时候，一边听课一边有意识、有方向地加固相关的旧知识点比提前看看笔记效果更好。就像面对一辆有故障的自行车，我们光靠肉眼观察很难找到故障在什么地方，只有让它工作起来，骑着它走一段路，用我们的身体去感受，才能发现到底哪里不对劲。知识的价值在于运用，因此在运用中，查缺补漏是最行之有效的学习方法之一。

不过这个方法有一个缺点，就是会让我们分心，有的同学可能因为这种频繁的分心而跟不上老师的讲课节奏，从而影响了新知识的学习，这就得不偿失了。所以，究竟怎样发挥笔记的课前复习功能，就需要大家自己去尝试和判断。

课堂使用笔记的另一种形式就是根据自己的笔记格式记笔记。如果你很关心自己的学习方法（自己正在用什么学习方法？这些方法的效果是不是好?)，久而久之就能形成一套对自己来说效果很好的方法。这种方法的一种表现形式就是你喜欢的一套笔记格式。

比如对于数学，有的同学喜欢把重要的公式和符号整理在旁边，以方便自己记忆和使用，于是，他就往往会在笔记本上专门画出一栏来整理公式。又比如，有的同学喜欢用具有代表意义的例题来巩固知识点，那么他的笔记本上就有可能留出一个区域抄写例题。

这些学习方法都可以在笔记格式中体现，而按照这样的笔记格式听课，其实就是帮助我们用自己的思维方式接受和组织老师传授的新课。同时，按照笔记格式记的课堂笔记，还省去了重新抄写整理的功夫，使我们记笔记的效率更高。

最重要的一点是，这样一个过程还是在帮助我们不断使用我们自己探索和发明出来的学习方法，一方面可以帮助我们巩固这套自己的原创方法，另一方面这也有利于它在实践中得到进步和完善。

(三) 课后学习

课堂之外，老师一般会安排同学们做一些练习。大多数同学也会主动去阅读一些与课程内容相关的书籍。这两者都是帮助我们巩固和扩展所学知识的有效途径。在做练习和参阅相关书籍的时候，我们一定也会得到很多启迪和收获。

例如，我们找到了一个精辟的表述方式（如用“同性相斥、异性相吸”来描述磁铁的性质)，发现了一种更快更好的解题思路或者碰到了一个常用单词的生僻用法（如 back 作为动词表示“支持”)，这都是我们非常珍贵的学习成果。让这些很有价值的小小闪光点轻易溜走未免就太可惜了。但是，如果随手将之记在书上或者作业本里则又太过零散了，不利于整理和复习。

这个时候，我们的课堂笔记本就可以大显身手了。我们可以将这些零散的小知识、小技巧记录到笔记中相应的板块中，比如把“同性相斥、异性相吸”记录在物理笔记中关于磁铁性质的相关章节中。在这里，要再次提醒同学们，在自己的笔记本上要留出适量的空白区，以便这样的小知识能够不断地补充进来。如果没有开辟专门的留白区，我们也可以通过变换笔的颜色来使得新加入的内容不与原来的笔记混淆。

总之，不要放过你智慧的“散兵游勇”，及时将它们收编到你的笔记大部队中来。久而久之，你的笔记会就变得越来越强大，让你见识到滴水穿石的力量。

（四）课后记忆

前面我们向同学们介绍的“艾滨浩斯遗忘曲线”，相信大家还记得。它给我们的重要启示就在于，新学的知识必须及时复习才能更好地把它保留在我们的记忆中。经过整理加工的笔记是我们用来记忆知识的最好材料。

我们前面已经提到过，越是有意义的材料，我们就越是不容易忘记。而我们自己做的笔记对于我们来说可以算是最有意义的，因而以这样的形式呈现的知识是最有利于我们记忆的。

相信很多同学都对死记硬背的费时费力深有体会，这种记忆方式基本不是建立在理解的基础上，只是逼迫我们花大量时间机械地去重复知识。这样做不但浪费了我们宝贵的时间和精力，还消耗了我们的学习热情，使得学习变成一件索然无味的事情。而对于已然理解的知识，我们稍作背诵就能够轻松地记忆和掌握。相信捧着你那格外“亲切”的笔记本，你会发现自己的“记忆力”越来越好了，因为方法改进了，效果自然也就提升了。

（五）考前复习

如果你平时的笔记记录和整理工作做得好，那么你的笔记就是你考前最佳的复习材料。

试想，如果要帮你复习一个知识点，你的笔记会比教科书、辅导书和老师的讲解完成得更出色。因为它是一个因“你”施教的高手，它会用你最容易明白的方式向你解释某个知识点。在考前时间和精力都比较紧张的情况下，笔记——这位对你了如指掌的“小老师”，就能充分发挥它的优势，帮助你又快又轻松地梳理思路，统筹整个知识系统。

如果你在课上和课后的学习中已经把教科书、练习册和辅导书中的相关知识点归置到笔记中来了，那么你在复习的时候就不必花很多时间在这些材料中了。不过老师在复习课上的安排往往会与教新课的时候有所不同，这个时候跟着老师的思路对照着笔记进行复习，相信会让你的复习效率变得更高。

除了知识的复习，你的笔记中还可能会有很多实际解题中十分有用的小技巧、小贴士。比如“容易漏写负号”、“容易忘记开根号”、“available总是容易拼错”……这些在上一节中提醒大家在学习实践中要用心收集和积累的细节在考前复习就显得尤为有用。

因为考试的目的除了测试我们的知识掌握得好不好之外，还考察我们是否能在有限的时间里快速而又准确地运用这些知识来解决问题。有些同学对知识是理解的，也记住了，但是在考试中往往没有能够发挥出自己的真实实力。这种现象有一部分的原因就在于考试的时候我们是面临压力的：我们的时间是有限的，面对的题目又是陌生的，而且还背着考试分数这个甩不掉的“无形包袱”。在这种环境下就很难顾及各个小细节。所以有的同学发现一到考试的时候，自己那些小毛病老是集体复发，而且这些不起眼的小毛病造成的损失确实是巨大的，这与考试时候环境的特殊性有关系。

但是如果可以在考前集中地把这些小毛病“扫荡”一遍，就可以减少在考试中“犯病”的可能性。你爱犯哪些小毛病到底谁最清楚呢？没错，当然是你自己！老师上的课、教材、课外辅导书都不可能帮你总结你的小毛病。它们都是针对大多数同学设计的，它们整理出来的也是大多数同学会犯的错误，但那些不一定对你适用。最适用你的在哪里呢？当然在你的笔记本里。

在上一节中，我们就建议大家在笔记本里专门建立一个收集错误的小板块，将自己在做实际练习中犯过的各种错误集中到这个板块里来。这些错误往往暴露了我们学习中的缺漏和不足。

就像一艘大船的船身上难免有一些小小的损伤，当大船在平缓河流里航行的时候，这些损伤可能不会造成什么影响，即使产生了影响，水手们也腾得出手立即补救。但是如果大船驶进了天气多变、波涛汹涌的大海里，水手们忙于应付电闪雷鸣和惊涛骇浪的侵袭，是否还能顾及到这些小损伤呢？可是另一方面，面对凶猛的海浪，小损伤却很容易马上变成大窟窿，造成海水大量灌入船体，带来不可预计的损失。那么，我们为什么不能在进入大海之前未雨绸缪，去对这些小损伤进行修补和对船体进行加固呢？

在这个比喻中，我们的笔记就是一份船体结构图和航海日志，告诉我们在船的哪个部分曾经发现过问题，引导我们去一一检查和修缮，让我们这艘勇猛的“大船”自信满满地驶进考试的云涛飞浪中。

（六）考后反思

继续借用上面提到的那个例子，虽然大风大浪把你的航行搅得够呛，但是你却对船的性能有了更多、更深的了解和洞察：哪些部件运作良好、哪些部件故障频出、船只在哪些情况下能乘风破浪、哪些情况下则颠簸飘摇……这都是非常有价值的信息。

俗话说“危难之中见真情”，越是艰难的情景下，很多本质的、深藏的东西就显露得更加淋漓尽致。如果从长远的眼光看我们的学习，那么考试就是一个灵敏的试剂、一个诊断专家，它会透露给我们许多珍贵的情报。这样重要的情报怎能让它轻易溜走？当然应该立即编写进我们的笔记里！

与第三部分“课后学习”一样，将之补充到笔记中相关主题的留白处。同样，考试中得到的教训和启发打着我们深深的个人烙印，对我们的帮助也是再贴心不过，原因还是一样，因为“最适合我们”。

至此，我们的航船又得到了一次修缮和升级。珍惜风浪中的经历，那会让我们走得更远更稳，笑对更多风浪。更重要的是，它让我们爱上航行，因为那个过程让我们感受到自己如何依靠自己的力量逐渐长大、逐渐强壮。

(七) 课外资料查阅

经过我们精心加工和培育的笔记，其实是展现了我们对于某个科目的认识方式和学习成果，它告诉我们是怎样学习和理解这门课的；它也告诉我们学习到了什么，我们理解到了什么。它就像一个我们构建起来的王国，熙熙攘攘，有条不紊。它有一套自己的管理机构和管理制度，管理着万千民众。那么，为什么不把我们的领土再向外扩张呢？它不应该仅仅局限于课堂知识。

在笔记的引导下，我们可以再去查阅更多的课外书籍，把相关的知识和感悟再归置到我们的知识结构中来。就好比按照我们自己的管理方式去吸纳更多的“臣民”，使他们幸福地生活在我们的制度下，从而我们的王国将变得更多元、更丰饶。

比如，最近的英语课恰巧在教授定语从句，你参考了课本、老师上课的例句，自己整理出了三大类定语从句的基本句型，这三类句型就是对定语从句这一语法的理解。那么，我们在课外阅读英语报刊的时候，就可以有意识地从这三类句型的角度去注意遇到的句子，如果遇到好的例句就可以摘抄入你的笔记，使你的句型分类更充实。

这个时候，课堂笔记的用法跟阅读笔记有一些类似，但它是紧密围绕着课程内容的，是从课程内容出发，是以课程内容为导向的。而阅读笔记的目标可能就不一定是完善课堂知识了。

（八）改善学习方法

前面已经讲到了，笔记向我们展示了我们是如何学习知识的。比如，语文笔记告诉我们，学习语文的重要方法之一，是注重积累，我们有特殊的板块用于收集文言文阅读中遇到的通假字、一词多义，有特殊的板块整理著名作家的背景资料和主要作品，还有特殊板块集中了我们通过理论结合实践总结出来的阅读技巧。

又比如，物理笔记告诉我们，学习物理的方法是应该注重清晰的逻辑结构配合综合例题，我们的笔记中有很多相互连接起来的公式和知识点，在有些知识点的旁边则标注了课本、练习册或课外辅导书的某一个具体页码，以便于我们找到相关的例题。

只要我们站得高一点，就可以透过我们的笔记发现学习方法。可以说，笔记把我们的学习方法具象化、直观化了，从而让我们更容易对学习方法进行修改和完善。

有的同学发现自己有一门课一直学得不好，但又不知如何去改进，因为他连原先自己是怎样学的都不清楚，在这样的情况下何谈学习方法的改进呢？而有了笔记，我们在改进学习方法的时候就有着力点了，我们知道去哪里找不足找缺陷，并且在旧有基础上寻求提升。

其实，可以帮助我们诊断学习问题，改善学习方法的，除我们自己，还有同学、老师、家长。一来，他们“旁观者清”，可以比“身在此山中”的我们看得更清楚更客观。二来，老师和家长本身就比我们有更多的学习经验，心智方面也比我们更为成熟，他们往往能比我们看得更多、更深、更远。

而我们身边的同学则由于他们是跟我们一样的学习者，因而他们提出的建议从他们的实际经验出发，也会让你受益匪浅。在向这些人征求意见、寻求帮助的时候，我们的笔记就是最生动的材料，能让他们迅速地知道我们是怎么学习的，可以在何处进行调整。

同学们，如果你们能按照上面几个方面去使用你的笔记，并在使用的过程中完善和充实你的笔记，你会发现，你的笔记本不仅仅是我们一般意义上的笔记本，而是一本学习日记，记录了你学习中的点点滴滴，那里有你学到新知识的兴奋与困惑，也有你课后思索时的沉静和睿智，有考前的忐忑不安，也有考后的再接再厉。它就像一列奔腾不止的列车，永远在欢快地前进，带着学习的永恒乐趣，与你同在，与你共勉。

二、如何使用阅读笔记和活动记录

与课堂笔记不同，读书笔记和活动记录的主要目的在于积累材料，对他们的使用方式和情形就各不相同了，依照其内容而定，难以归纳出统一的模式。

例如，读了一本科普书记下的笔记可能在物理课上，老师讲到相关内容的时候提供参考，也有可能在生活中遇到什么麻烦的时候作为解决问题的方法。说到最后，关键还是在于你有没有使用笔记的意识。

第四节　记忆规律给了我们什么启迪

对于记忆，许多年来已经有很多心理学家对之做了大量的研究，取得了很多很有价值的成果。下面就为大家介绍一些记忆的规律。在阅读这一节的过程中，你会逐渐发现，我们前面详细讨论的笔记整理策略很多都是顺应和利用了这些心理学规律。在这些规律的指导下，同学们可以把知识记得更牢固、用得更从容。

一、遗忘的本质在于“提取失败”

很多心理学家们认为，人的记忆容量是无限的，我们其实是可以记住很多很多事情的，他们认为所谓的遗忘只是一种“提取失败”。也就是说，我们有时候记不起某件事情并不一定是它没有留在我们的脑子里，而是我们没有能够把它取出来。

由于我们会不断继续新的学习，我们的大脑会不断接受和处理新的信息，这些新的学习活动如果组织不当，就有可能会阻碍我们对旧知识的提取。就好比，一个大箱子里存放了很多小物品，每一个小物品都连着一根细绳，每一次要取那个物品，只要拉细绳就行了。

这里的物品就像是我们记忆在心里的信息，细绳就是提取信息的线索。但是随着存储物品的增多，绳索也越来越多。如果物品摆放得不合理，绳索杂乱无章、相互纠结，那么，在我们需要某一件物品的时候就很难快速地把它取出来。

因此，我们应该花更多的力气来研究如何使学习到的知识能够像物品那样被准确便捷地提取出来，把记忆的内容条理化，把提取这些内容的线索整理明晰。可以说，整理笔记的过程就是一个整理物品和绳索的过程。在整理的过程中，我们会进一步理清知识的关系和结构，例如通过制作简要提纲，绘制知识结构图，从而使得我们在想要使用它的时候便能够便捷和精准地获取。

二、遗忘规律是先快后慢

德国有一位著名的心理学家名叫艾滨浩斯，他以自己为测试对象，以无意义音节（也就是那些不能拼出单词来的字母组合，比如 asww，cfhhj， ijikmb，rfyjbc）作为记忆材料，用他独创的节省法计算记忆的保持和遗忘数量。他根据他的实验结果（如下表）绘制出了著名的“艾滨浩斯曲线”。

这条曲线能够反映遗忘的一般规律：学习后的不同时间里保持量是不同的，刚学完时保持量最大，在学后的短时间内保持量急剧下降，然后保持量渐趋稳定地下降，最后接近水平，到了一定的程度，就几乎不再遗忘了。

简单来说，人类的遗忘遵循先快后慢的一般规律，如果不及时复习，那么可以被提取的记忆就会很快流失。

艾滨浩斯的实验结果

时间间隔	记忆量
刚刚记忆完毕	100%
20 分钟之后	58.2%
1 小时之后	44.2%
8～9 个小时后	35.8%
1 天后	33.7%
2 天后	27.8%
6 天后	25.4%
一个月后	21.1%

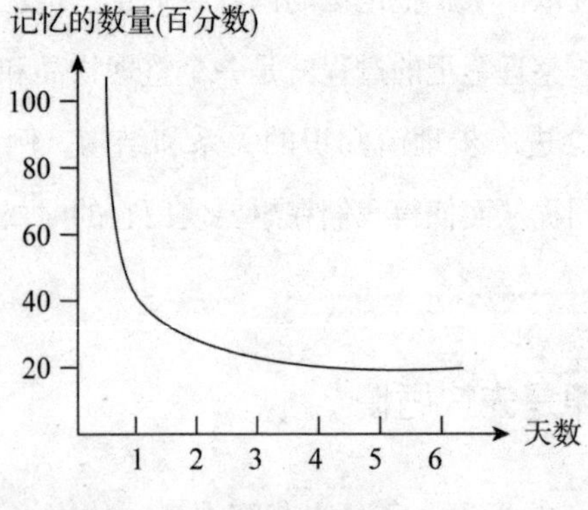

艾滨浩斯曲线

艾滨浩斯的研究成果告诉我们，学习完某项内容之后，应该及时复习，在记忆保持量比较多的时候就再次复习，只需要花费很少的时间就能收到良好的巩固效果。如果等所学的内容全忘了之后才去复习，就等于重新学习一次，费时费力，大大降低了学习效率。

关于及时复习，心理学家曾做过这样一个实验。他们选了同一段文章让A、B两组人进行记忆。A组学习后不久就进行一次复习，B组则不进行复习。结果发现A组在一天后和一周后的保持成绩均高于B组。具体来说比较合理的及时复习方法，就是在学习后当天最好复习一次，以后复习间隔逐渐变大。切不可等到几乎全部忘记后再重新学习。

对此，整理笔记就是一种非常好的及时复习手段，如果我们有学习当天整理笔记的好习惯，那么我们的整理过程就相当于一次及时复习。更值得一提的是，整理笔记这种复习方法并不是简单地阅读和浏览，而是要求我们带着对知识的思考和组织去进行，因此，这种方式能够大大加深复习的深度，提升复习质量，并且整理出来的笔记也为之后的再复习提供了一份言简意赅、独具个性的复习材料，达到了提高再复习效率的作用。

三、意义记忆优于机械记忆

记忆有两种形式，一种叫“机械记忆”，也就是我们通常所说的死记硬背，即通过机械的重复来加深印象；另一种叫“理解记忆”或叫“意义记忆”，也就是我们通常所说的在理解的前提下记忆，即通过把新知识与旧知识联系起来的方式记忆新知识。

心理学研究发现，意义记忆的效果优于机械记忆。一般来说，我们学习的东西都是经过教育和心理方面的专家精心组织的，因此我们学习的知识和技能一般都是前后相关的，也就是说面对新的课程，我们是能够找到与之相关的旧知识或已有经验的。

即使面对看似无意义的材料，我们也可以运用我们的智慧设法探究其中的规律或联系，赋予它意义。例如，要用死记硬背的方法记住149162536496481这一行数字，是非常难的。但是如果看出了这些数字之间的意义结构1，4，9，16，25，36，49，64，81，即“从1到9的整数的平方”，那就容易记了。

也就是说，我们用已有的、关于整数平方的知识赋予了这一串数字以意义。对于一些本身确实没有内在意义和联系的知识，我们则可以想方设法创造意义。例如背诵元素周期表中元素的化合价，就可以利用谐音编出有趣的口诀：“一价请驴脚拿银，（一价氢氯钾钠银）；二价羊盖美背心（二价氧钙镁钡锌）。”只要有意识地寻找意义，就能发现知识之间的联系其实是无处不在的。

而整理笔记就是这样一个设法赋予意义的过程。因为在整理的过程中，我们把在课堂上、阅读时和讨论中记录下来的内容按照我们容易理解和记忆的方式呈现出来。而那些我们觉得容易理解和记忆的方式往往就是意义记忆的方式。换句话说，整理笔记帮助我们以意义记忆的方式来学习知识，能让我们记得更牢。

四、符合兴趣、爱好和需要的内容不易遗忘

俗话说：“兴趣是最好的老师。”对学习感兴趣并自觉自愿学习的内容能够激发我们的积极性和智慧。相信这一点同学们都深有感触，对于我们喜欢的、认为有必要学的东西，我们往往能够对之投入很多热情和能量。

因而，我们在学习的时候，要注意培养自己对所记忆内容的兴趣，要明白为什么要学习这个内容，思考学习这些知识对我们有哪些好处。

整理笔记，精心打理我们自己的知识库，其实本身就强调了学习的主动性和趣味性。本书中，我们一直在试图让同学们去体验“自己的学习自己做主”的积极感受，并做出自己的实践。

相关链接

下面这个案例是从一本回忆录中选取的，从主人的经历中，我们也许可以受到启发。主人提起当年他们班上学习成绩很好的同学，现在这位同学已经取得了哈佛大学的博士学位，回忆中这样说道：

他那时候在我们班的成绩是最好的，是我们班公认的天才学生。如果他是一位“两耳不闻窗外事，一心只读圣贤书”的人，我们也不会觉得他是一位神奇人物，偏偏他又是特别爱玩的那种，篮球、足球、乒乓球、书法、唱歌、弹吉他样样精通，而且属于一下课就和一帮同学跑得没影了的淘气学生。

可是玩归玩，每当上课铃一响，他肯定是坐在座位上安静地等着老师上课，课堂上的他时而若有所思地一动不动地盯着老师，时而低下头奋笔疾书，很长时间看也不看老师一眼。我曾经很好奇地想知道他的本子上到底记了些什么，借过他的笔记本一看，上面只是老师课堂上讲的部分内容和一些别人看不懂的涂鸦，偶尔还有一些问号、星号等。

我们那个时候好学生的笔记本总是非常受欢迎的，经常成为课后大家传阅的典范，虽然那个时候，我和这位同学都是大家心目中公认的好学生，而且他的成绩还要高出我一大截，可从来都是我的笔记成为大家追捧的对象，我想这和我的字写比较漂亮有一定的关系吧。

再就是他的笔记实在是“惨不忍睹”，不完整那是一定的，因为他上课总有一些时候是在低头写字，还有就是他的笔记太抽象了。可是，我刚刚不是提到他是一位神奇的人物吗？真正的神奇还在后面呢！

一次偶然的机会，我发现了他有一个红色的本子，里面工整地写着每堂课的主题思路，清楚而明晰，比我的笔记更加完善，甚至连一些老师说课后同学们自己补充的知识都清楚地记录在本子上，我当时脸上就两字：

惊讶！难道他的记忆力就这么好？或者他有什么特别的听课方法？

于是，我就在上课时默默地观察他，看看究竟是什么样的听课技巧使得他拥有这么完整的课堂笔记。经过几节课的跟踪观察，我发现在每节课开始前，他都会拿出一个方盒子，上课结束后他还会把这个方盒子放到书包里，在那个录音笔还没有现在这么普及的年代，我当时还是猜到了那个方盒子也许就是他笔记如此完备的秘密。原来，每一分成绩的获得背后都付出了辛勤的耕耘。

我的这位同学白天在同学们面前表现得那样的爱玩，殊不知回到家后，他是怎样不厌其烦地一遍又一遍听着录音，整理着笔记，把有声的讲义变成无声的文字。原来，所谓的天才不是不学习就能什么都懂，不是从来都没有课余时间，只不过是在别人睡觉的时候他们还在学习，他们找到了适合自己的方法，并为之付出了比别人多几倍的努力。

第五章　警惕笔记误区

同学们，做笔记对于我们每个人都不陌生，笔记作为一项必不可少的工具在我们的学习中发挥着巨大的作用。学会怎样巧做笔记，让笔记最大限度地发挥应有的功效，怎样完善笔记，走出我们平时记笔记的误区，是我们这一章值得重点关注的话题。

我们常常说“不动笔墨不读书”。会记、会写，把笔记记得快速准确，就可以把老师讲的内容比较完整地记录下来，有助于课下温习时进行分析、把握重点。上好一堂课是一个复杂的学习过程，需要同学们用眼看、用耳听、用手写和用脑想。在课堂上大脑要保持良好的状态，如同参加考试一样机敏、紧张。

我们的同学往往不能很好协调这一过程，不能合理地分配这其中的环节，本章旨在列举出同学们在平时学习中容易走进的一些误区，并提出合理化的建议，希望能帮助同学们更好地记笔记，让笔记真正成为我们学习的小帮手，帮助我们提高学习效率，取得更好的学习成绩。

第一节　听讲和记录分离——常见的笔记态度问题

一、听讲和记录分离的表现

课堂上的时间是十分宝贵的，我们不仅要在短短的45分钟用心听老师的讲课，还要把老师所讲的知识点记下来；我们不仅要最大限度地听懂一节课中老师所讲的内容，还要把听课中没有听懂或有异议的地方记录下来。那么，有的同学就会问了，我到底应该是以听课为主呢，还是以做笔记为主呢？

有人认为应该以听课为主。因为老师为上好一节课，在上课前必然经过了精心的备课，老师会把一个章节的知识点用最精炼易懂的方式呈现在这45分钟的课堂上，笔记只是对课堂上知识的重复，只要把课堂上老师讲的都听懂了，做不做笔记都没关系。老师讲课一般是不会特地留出时间供大家做笔记的，如果很用心的把时间花在笔记上面，那么在记的同时，又将会错过老师所讲的，这样反而不能保持知识的完整性，这儿少听一句，那儿少听一句，今天错过一点，明天错过一点，一个学期下来，不知不觉中错过了老师的那么多话，谁能保证在这些话中没有一部分是很重要的知识呢？而课堂上所记的笔记，大部分是课本上已有的知识，重复地记只是加深了印象。这样说来，记笔记不是得不偿失了吗？

也有人认为应该以做笔记为主。笔记是我们日后复习巩固必不可少的小帮手，它除了可以帮助我们记录下课堂上的重点知识和自己不懂的地方，还可以记录老师讲课的思路，以便课后复习时可以按照本子上所记的线索有个明确的方向。听老师讲一遍，自己再记一遍，边听边写还有利于知识的巩固。

另外，笔记本来就是自己学习过程中思路的再现，对于脑海中偶然闪出的思想火花，都可以在笔记本上得到完美的体现。这些转瞬即逝的小灵感如果不及时记录下来，日后再想重现就变得相当困难了。

换句话说，如果一节课仅仅是竖着耳朵听，也许当时是听懂了，可是过了几天，甚至几个星期，几个月之后全又还给老师了，到了考试的时候更是复习起来没有头绪，这样听了那么多的课不就等于什么都没学到吗？

上面的两种观点似乎都有一定的道理，但又都存在着一些偏颇。这两种观点是典型的把听讲和记笔记分离开。我们知道，无论在现实生活中还是学习中，过犹不及都是不可取的，那么，我们在课堂上应该怎样做才能既把笔记做得清晰完整，又能保证听课效率的最大化呢？其中，一个值得注意的因素就是有效学习。

任何愿意学的人都可以学。学到多少，除了取决于集中注意力的程度之外，大体上都是个功效问题。尽管很多书中都谈及有效地学习这个问题，但学生们浪费时间和精力的现象仍然令人吃惊。他们知道做笔记有很大好处，特别是对今后的复习，但由于害怕漏掉要点，他们把所听到的内容几乎一字不漏地记录下来，这种笔记完全不能达到它的目的。

首先，认为一个人可以同时听、想和写的观点是错误的。讲课的目的是给听众以新的知识，因此，听课的人必须跟着讲课的人去思考，尽量吸收其思想、原则、定义和解释。除此以外，哪怕你能把讲课内容一字不漏地写下来，那又能有多大的好处呢？以后你还得重读整个笔记，把它简编为一系列有用的东西，或者你可以把它与其他笔记一起分类整理备案。

不管采用哪种方式都相当浪费时间，而时间又是无价之宝。结果有很多学生积累了一大堆记录和过于详细的笔记，但一旦需要时却看都看不完，从而感到失望。还有另一个极端，一些学生可能记得太少。以后复习时，甚至就在听课之后，要点就想不起来了，这同样是一种精力浪费。要学会做有用笔记的技巧，无论初中或高中的讲课、课堂讨论、社交或群众大会上的演讲还是广播电视讲话，它们的区别都不大，做笔记的方法相同。为了做笔记就得听！这个问题确实太简单、太不言而喻了。现在重提似乎有些奇怪，然而，这确实不是多余的。因为没有什么会比“听”这个因素更为至关重要的了。

此外，我们听的速度是普通讲话速度的四至五倍，这也是必须注意的。如果不准备积极主动地去开动脑筋的话，那整个现代记录的手段，从速记到录音都对我们增长知识无益。学习的最终目的是获得知识，使之成为我们的个人财富储存在我们的记忆之中。所以紧跟老师所讲，勤于思考老师提出的问题，善于开动脑筋灵活地将知识在脑海中构建，这样不但可以高效快速地掌握知识，还能使我们的脑子越动越聪明。

二、听记分离的防范对策

（一）做笔记要聚精会神

同学们，为了避免我们在学习过程中出现只听不记或者只记不听的错误，我们就应该想出一系列的应对方法和措施。在课堂宝贵的45分钟内选择性地记录，在记录时还应该注意一定的技巧。

听课思想要集中，聚精会神，千万不要三心二意，左顾右盼。我们大概都听过《学弈》这个寓言故事，两个学生听一位教师教，其中一位专心致志地学习，很快便有所收获，掌握了弈秋传授的技艺，而另一位思想开小差的一心想拿弓箭射鸿鹄，哪有心思听老师讲呢，到头来一无所获。

在我们学习中，就拿语文来举个例子吧，当老师讲文言文时，有的同学能认真听讲，老师讲现代文，有些人就不想听也不想记笔记了，以为自己看得懂，听不听无所谓，回家再看书也一样。其实，听和不听，效果大不相同。

语文老师每讲一节课都要认真备课，看很多教学参考资料，并且根据教学大纲的要求，结合同学们的实际情况，讲授课文中的重点和难点，从字词句到篇章结构，从中心思想到写作特点进行分析、归纳和提示。我们要注意听老师讲，并且把要点记下来，课后再对照课文复习，印象就深刻了，掌握的知识也比较牢固。

（二）听得完全，记得精炼

笔记要简明扼要，抓住重点。有的同学不管老师讲什么，都想把它记下来，结果，密密麻麻一大片主次不分，记了等于不记。有的同学只顾竖着耳朵听，忘了动手记，听完一节课，课后打开课本复习，哪是重点，哪是难点，抓不住要领。所以，听课一定要手脑并用。

听和记，以听为主，记服从于听；在认真听的基础上，抓住重点和难点，有选择地记，把听和记有机地结合起来，做到听得完全，记得精练。所谓“听得完全”，就是要思想集中，开动脑筋，听清楚，听仔细，听完整，“听得到要领”，能理清文章的脉络和老师讲课的思路，并注意老师反复强调的地方，思考老师提出的问题。一堂课的开始，要注意听老师怎样承上启下，把知识连贯起来。一堂课的结尾，要注意听老师怎样归纳总结。

所谓“记得精练”，指的是笔记的内容要有选择，有所取舍。比如讲议论文，可以着重记住文章的论点、论据和论证方法，记住老师怎样联系实际，提出哪些引人深思的问题。老师讲课内容多，有的知识已经学过，有的是书本提示、注释中明白写着的，这些就不必记了，对于老师讲我们不熟悉的和重要的，一定要记下来，不好理解的、有疑问的，可以在书上或者笔记本上做个记号，并留出一定的空白，便于课后思考或者请教老师。

例如，在一次语文课堂上，同学们学习《孙权劝学》这篇文章，我们来看一位同学所做的笔记，相信这篇笔记的精练和条理会对同学们以后的学习有所启发。

《孙权劝学》

1. 出处：《资治通鉴》

2. 作者：北宋史学家、文学家司马光，字君实。

3. 文学影响：司马光主持编写的《资治通鉴》是我国第一部重要的编年体通史，共294卷，记述了公元前403年（战国时期）至公元959年

（五代时期）共1362年的史实。全书内容以政治军事为主，略讲经济、文化，长于描写战争。《赤壁之战》《淝水之战》等都是本书描写战争的代表作。这里“资”是“帮助”；“治”是治理；“通”是“通史”；“鉴”是“借鉴”；整个书名的意思是：以历史上的得失为借鉴来帮助加强治理。

4. 字词句

（1）古今异义

①但，古义为只，eg：但当涉猎；今为转折连词。

②治，古义为研究，eg：孤岂欲卿治经为博士邪！今为治理。

③博士，古义为官职，eg：孤岂欲卿治经为博士邪！今为学位。

（2）一词多义

①以：a. 用，eg：以军中多务；b. 与“为”译为“认为”，eg：自以为大有所益。

②当：a. 掌管，eg：当除掌事；b. 应当，eg：但当涉猎。

③见：a. 知道，eg：见往事耳（了解历史罢了）；b. 认清，识别，eg：大兄何见事之晚乎！；动词，看见，见渔人，乃大惊。

④若：a. 动词，比得上，eg：孰若孤；b. 介词，好像，eg：仿佛若有光。

⑤之：a. 助词，取消句子的独立性，不译，eg：大兄何见事之晚乎？b. 助词，的，eg：于厅事之东北角。

（3）重点词语翻译

①当涂：当道，当权。

②辞：推托。

③及鲁肃过寻阳：及，到了……的时候。

④才略：政治或军事方面的才干和谋略。

⑤涉猎：粗略地阅读。

⑥更：更新。

(4) 成语

①吴下阿蒙：比喻学识尚浅。

②刮目相看：用新的眼光看待。

(5) 特殊句式及重点句子翻译

①倒装句：大兄何见事之晚乎！（“何见事”应“见事何”，疑问句宾语前置。）

老兄你为什么看事情的变化这么晚呢？

②省略句：肃遂拜蒙母。（“拜”后省略介词“于”。）

鲁肃于是拜见了吕蒙的母亲。

③孤岂欲卿治经为博士邪：我难道是想让你钻研经史典籍而成为博士吗？

④但当涉猎，见往事耳：只不过应当广泛地学习知识，懂得过去的教训罢了。

——中教网

我们根据自己的经验就可以知道，定义、概念、结论、名言警句及公式等用原话记比较好。规律、过程、联想等一般用自己的语言记比较好，这样有助于我们开动脑筋，加强理解，增强表达能力。

此外，书上没有的、老师补充的和没有听懂的，一般采用详记，而对于课本上明确写出的或者自己已经熟记于心的知识一般采用略记，在时间比较紧的情况下，这些甚至可以不用记。

(三) 因学科而异

对于不同的学科，做笔记有不同的方法，我们也不能一概而论，要有针对性地学习。下面，我们将对不同的学科笔记简单举例。例如数学、物理、化学等学科中的一些概念和定理，书上都有，而且内容完整、语句严谨，科学性与逻辑性都很强，所以不必记，应该着重记老师对概念的解释，理解上要注意的地方以及解题的技巧等。

而对于政治学科，主要记老师在解释名词、概念时比书上讲得更通俗、更形象的地方，再记一些理论如何联系实际的要点，从而帮助自己掌握正确的观点和方法。政治题需要理解，同时，对答错试题的正确答案，还要背下来。因为这些试题可能下次还会再考到。其他的就靠你平时的听课效率了。

语文课主要记课文的时代背景、写作特点和某些词语的用法，以及老师补充的有关内容；外语课则主要记词汇的各种用法和区别，以及一词的多个义项，还有老师课堂上举的经典例句等。有些笔记是需要记的，有时候老师讲的不一定记在黑板上，但你也需要认真听讲，然后迅速记到笔记本上。

再说说地理。通常情况下，老师会按照课本上的讲，那你只需要画线，历史也一样。地理需要记一下计算地球的时差公式，还有一些经纬度等等，这些东西都是要记的。历史一般都记一些时间和重点事件的背景、意义，比如近代史、现代史就有很多这样的知识需要记忆。

总之，课堂笔记主要是记老师关于教材中重点、难点的分析阐述和对某些内容的归纳总结，记老师的解题思路或者是老师的独到见解。特别是对于自己不理解的和老师讲解与自己的理解不一致的地方，更需要记下来，以便课后研究比较。这样学习知识印象最深，得益最大。

(四) 详略得当

我们都知道，课堂上有些内容需要详记，有些内容需要略记，要做到笔记详略得当，同学们可以参考下面的一些小技巧。

1. 主动记：不要走在老师后面，听一句记一句，要提前估计到老师下面要讲什么。你可以从老师发的学习提纲或留的阅读作业中找出问题，做出预测。如果想让自己在课堂上变得轻松，课前预习是一项必修课，只有带着问题去听课，才能使自己在课堂中变被动为主动。

2. 重点记：每一节课都是基于一个重要的核心思想观点设计的。通常情况下，老师都是介绍一个观点，举一些例证，或进行解释。你可以经常问一下自己："现在讲的要点是什么？这个观点得到哪些证据支持？"

3. 抓信号词：听讲时要抓住那些表示老师讲课中思路变化的话语。一些关键词和线索性的词语通常是我们要重点听和重点记录的。抓住了这些词，就等于抓住了一堂课的线索，顺着这条线索听下去，老师所授内容的精华便会轻而易举地浮出水面。下面我们来看一些关键语和信号词的表达方式：

比如老师说：

"这里有3个原因说明为什么……"表示将提出观点；

"最重要的是…""这个问题的关键是…"表示要讲主要的观点；

"与此相对的是……"表示要讲相反的观点；

"我们看一个例子……"表示要讲支持主要观点的证据；

"因此……"表示要作结论；

"考试中经常考到的主要问题是……"表示这通常是考点；

"容易混淆的内容有……"表示接下来所说的内容应重点区分；

"我再重复一遍……"表示应该对此内容给予足够的重视；

"同学们请注意了……"表示接下来是需要我们关注的知识点。

类似这样的提示语还有很多，不同的老师讲课风格不同，在希望引起同学们注意时所用的话语也不同，这就需要了解每门授课老师的习惯，熟悉他们讲课说话的方法，并积极地去适应他的这种方法。

4. 积极听：听讲时要看着老师。带着前一次听课时或自己看书时遇到的问题来，一上课便举手提问或课前找老师请教。积极提问还可以保持自己活跃、机敏的思维状态。

5. 选择记：合理地分配好时间，听课要听完整，但记录要有选择，听课时只记要点。如果总是忙于记录，就可能漏掉一些正在讲的内容。一般情况下，我们选择记的一些内容是标题、中心概念、结构、心得体会等。

最后需要特别强调的一点是：笔记记了一大堆，要经常看，不能等到快考试的时候才翻开。平时看的时候，边回忆边整理边消化，要是都堆到考试前，不但时间有限，量多也不易记住。所以，经常翻阅笔记是大有好处的。

第二节　盲目抄袭他人笔记——常见的笔记方法问题

对于一些平时学习不认真，一到考试就临时抱佛脚的学生来说，复印或抄写平时上课认真听讲同学的笔记似乎成了他们的杀手锏，对于很多人来说，这个“拿来主义”的做法屡试不爽，可以保证他们在最短的时间内掌握一个学期知识的精华。但对于这种做法的弊端，他们却没有清醒地认识到。

一、盲目抄袭的具体表现

同学们，我们前面已经讲过，做笔记不只是为了便于课后复习，做笔记的过程本身就是对讲授内容的思考、理解和消化。所以不论是否有教材或参考书，也不论老师如何讲授，做笔记都是必要的。

有的学生课堂上跟不上老师讲课的速度，或者为了省事，课后直接把别人的课堂笔记拿过来抄，更有甚者，平时都懒得抄，考试前夕，借别人整理好的笔记直接复印。

特别是随着现代化教学设备的发展，多媒体教具已渐渐走进课堂，这更方便了一些爱耍“小聪明”的同学，他们索性一下课就围在讲台前争先恐后地 copy 老师的讲义。

自己课堂上不认真听讲，下课后盲目抄袭老师、同学的课件、资料，这在很多同学看来都习以为常。下面，我们再来看一个例子：

“时间过得可真快啊，又快考试了。”同学们这阵子都像一根绷紧的弦，进入了紧张的复习阶段。整理笔记、背诵重点、做练习题……因为老师说了，只要平时专心听课，认真做笔记，把他课堂上讲的知识都消化了，这次考试轻轻松松答个 80 分是不成问题的。有的同学听到老师的这句话，像吃了一颗定心丸一样，悬着的心立马落回肚子里了，整天忙着看笔记，顺着笔记的思路有条不紊地复习着。

真是有人欢喜有人忧，晓聪听了老师的话急得直跺脚，为什么呢？原来他平时根本没有记笔记的习惯，老师讲的课当堂听懂的课后也不去复习，十有八九又还给老师了；对于课上一知半解或者没听懂的，更是不会有记录。这样的听课习惯班上不止晓聪一个人，这不到考试临头了，大家都急了。不过，学生时代的孩子们总是有各种花样来对付一切难题，“临时抱佛脚”便是他们常用的做法。

小梅是这个班里最认真的学生了，她的课堂笔记每次都记得特别认真，大家都知道只要考试前去借她的笔记抄写或复印，考试中总能碰到熟悉的题目，似乎小梅的笔记就是班上部分同学的圣经。

于是，晓聪仅仅靠几句赞美的话和一本包装精美的杂志就轻而易举地借来了小梅的笔记，并顺利地复制了一本和她一模一样的笔记，有了小梅的笔记，晓聪自然不担心考试，凭借他聪明的脑袋瓜，一个礼拜不到的时间就可以将这些笔记掌握个差不多，考试得 60 分那绝对不在话下……

同学们，读了这个案例，你有什么想法呢？考试的目的究竟在于什么呢？盲目抄袭他人笔记，能真正理解所学知识吗？

二、盲目抄袭的防范对策

做笔记不是简单地照抄书本和老师的板书，它具有以下四个方面的要求：

第一，要有利于加深理解。做笔记的过程，就是思考的过程。通过做笔记和思考，要达到加深理解的目的。如果笔记做得好，应有这样的时候：在做笔记时，突然感到自己原先所认为正确的观点是错误的，甚至发现书本上对这一问题的论述存在错漏等不足之处，或者突然加深了对这一问题的理解，有茅塞顿开之感。

第二，要有利于记忆。做笔记可以帮助记忆，可以调节大脑思维疲劳。做笔记的过程，也是刺激大脑的过程，这种刺激，如果运用得好，则很强烈，对记忆具有很大的帮助作用；否则，刺激微弱，失去其应有的记忆功能。

第三，要有利于整理。一门学科复习完毕，或者整个复习过程完毕，一般要进行整理，以利于彻底掌握。做笔记就好像堆放建材一样，堆放得好，如要使用，则可信手拈来；否则，可能事到临头找不到。

第四，要有利于节省时间。做笔记是思考、刺激大脑的过程，相对于阅读，它又是一个缓慢的过程。在保证思考、记忆的前提下，做笔记应是越省时越好。时间就是生命，这相对中学生考试复习而言，具有很强的现实意义。

如果我们照抄他人笔记，那么，这些效果是很难达到的。为了避免盲目抄袭，我们首先要清楚做笔记的益处以及盲目抄袭的弊端，对于这些，我们在前面已经了解到了。

其次，copy 老师的课件或复印同学的笔记之后，我们需要自己进行整理分析，使其转化为符合自己知识结构的东西。通过前面的那些章节，我们已经知道，每个人的笔记包含着自己对所学知识的理解，老师的课件体现着老师对讲课知识的理解，由于我们的经验和知识积累没有老师那么丰富，可能不会有老师理解得那么到位，那么，我们可以根据自己已有的知识来理解和记忆这些知识。此外，老师的课件一般都做得比较简单和概要，老师会在上课时补充和具体讲解各种知识，如果我们不认真做笔记或对老师的课件进行整理的话，那么，我们可能会丧失很多学习知识的机会。

笔记体现的是同学对所学知识的独特理解，他可能会对一些课堂知识比较熟悉，所以就记录得比较简略。如果你对所学知识并不十分理解，你又照抄同学笔记的话，你可能会丧失很多重要的知识点。此外，同学在做笔记时，可能会用一些他自己能够理解的符号或缩略词，你可能就不会那么清晰透彻地把握这些知识。

好的方法是成功的基础。对于广大中小学生来说，做笔记的过程不仅是一个掌握知识的过程，更是培养自己好的学习习惯和方法的过程。做学问是一个长期的过程，任何学习上的投机取巧或者所谓的“捷径”，到头来害的还是自己。

“路漫漫其修远兮，吾将上下而求索。”每一次成绩的取得，绝非偶然，特别是在这个信息爆炸的资讯时代，知识高速地更新，社会快速地发展，环境迅速地变化，只有拥有科学的学习方法者才能足以应对这种变化，才能在这种环境中求得进步和生存。

第三节　两极分化——常见的笔记策略问题

在谈到做笔记时，我们不可避免地要说到字体，什么样的字体才是记笔记时应该提倡的呢？是工整还是潦草好？我们的课堂笔记是给自己看的，我们上课的主要任务自然不是以做笔记为主，而应该是以听懂老师讲的内容为主。课堂笔记是作为我们课后复习和巩固课堂知识所用的。

因此，做笔记就不必讲究句句工整，字句不一定要连贯，只求快速，有时甚至可以用一些符号表示，我们前面所提到的速记符号就是一种不错的选择，同学们可以根据自身的喜好和熟练程度在记笔记的过程中运用不同的符号，只要自己能看懂即可。

我们不必在字迹上对自己要求过高，有时候，过于在字迹的书写上追求完美反而浪费了许多宝贵的时间，你只要能把重要内容记下就达到目的了。当然，我们在强调字迹不必太工整的同时并不是说可以把字写得太潦草，龙飞凤舞的书写导致课后自己在整理的时候都不认识当初都写了些什么内容，这是应该避免的。

一、两极分化的具体表现：追求完美与全无章法

爱美之心人皆有之，特别是对于大部分女孩子而言，对美的追求不仅表现在衣着上，还表现在学习中，对字迹的要求，她们会努力把字写的工工整整，时刻保持书面整洁。做笔记是一个需要短时高效的过程，在这种情况下，是不是应该也要分清主次，抓住事情的主要矛盾呢？我们来看下面这个例子是否在你身上也发生过呢？

小丹的字是全班同学公认的漂亮，每次作业老师都会表扬她的字写得好，她的课堂笔记总是记得工工整整，同学们也很羡慕她，如果谁上课有哪些地方没跟上老师讲的，下课后就会借她的笔记来看。

可是，自从上了初中以后，小丹渐渐发现向她借笔记的同学少了，反而有的时候她还要看其他同学的笔记。其中的原因小丹自己也明白，那就是她的笔记总是记不全，老师一节课下来讲的内容比过去多很多，而她的笔记没有一次是完整的，虽然她的字还是那么的工整。小丹还发现，升入初中以后学习渐渐吃力了，老师上课好像讲过的好多问题她还不明白，难怪常常有人说小学刚升入初中会有很大的不适应。

小丹的问题真的是因为初中课程很难吗？当然不是。老师在和小丹谈

话之后发现，小丹之所以觉得学习吃力，是因为她没有把课堂上的时间好好地利用起来，没有把全部精力放在听课上，而是把大部分精力分散到笔记上。我们看到小丹的笔记本，发现她的笔记本非常的干净整洁，漂亮的仿宋体仿佛是打印上的。

小丹说，做笔记的时候她总是和写作业一样地认真，总是一笔一画地写好每一个字，到头来却总跟不上老师讲课的速度，当她工整地写完一行字抬头再看老师的时候，已经是该讲下一节课的内容了。

同学们，从小丹的故事中我们可以得到怎样的启示呢？我们在做笔记的时候是过分追求字迹工整，还是重点关注笔记上的内容呢？

如果说小丹的例子是发生在个别学生身上的，那么下面这个故事我想大部分同学都应该经历过。

小辉是一名初中生。他对理科特别感兴趣，每当上数学、物理、化学课的时候他都格外认真，老师上课讲的典型例题、一题多解等他会随手记录下来，为了避免耽误更多的听课时间，他总是记得特别快，大部分都是眼睛盯着黑板，手持钢笔在本子上飞快地划过，对于老师讲的一些点睛之处和他之前没有想到的解法更是潇洒地挥笔记下。

一堂课下来，小辉觉得自己既认真地听了讲，又把自己听课的收获记下来了。过了一段时间，小辉在做题的时候碰到一道难题，他记得老师课堂上曾经讲过类似的题，他左思右想但就是不得其解，于是他把希望寄托在了课堂笔记上，因为他清楚地记得自己把不熟悉的类型题记了下来。

当他翻开笔记本后，面对一页一页龙飞凤舞的笔记，皱起了眉头，原来，他为了追求速度，字迹写得太潦草了。以至于自己都看不清楚本子上都记了些什么，加上课后他没有及时地复习，对自己以前记的东西一点都回忆不起来了。

小辉吃力地望着他的笔记，努力地识别着这些可以给他带来帮助的知识，虽然有一些字还是可以看清楚的，但这毕竟是理科，对于数字和公式的记录占了绝大部分，有一个关键的数字没有记清楚都会影响到整个题的结果，尤其是数字，像0和6、4和9、1和7；英文字母容易混淆的有h和n、i和l、c和l、d和cl、j和i、u和w、u和v等等，当这些字母出现在公式或者单词中，稍不留神就会认错。

当初小辉是为了节省时间把字写得乱一些，可是到头来这些笔记并不能给他带来益处，无用的笔记反而浪费了他上课的时间，说不定不记这些笔记，他反倒可以把那道题目记住！

我们上课的时候，如果老师讲得很快，为了跟上老师，是不是有时候也像小辉这样笔记写得很乱呢？

面对这样的问题，我们应该怎样应对呢？

二、两极分化的防范对策

互联网时代，更多的信息会分散你的注意力，我们必须克制自己的好奇，只点击必要的链接。做笔记也是一样，不是特别重要的就没必要记。笔记是记给自己看的，不是给别人看的，更不是要交给老师的作业，所以只要重点突出、简明，自己能看懂即可。

做笔记本来是为了方便思考，如果做笔记这事情本身太复杂，就有点舍本逐末了。做笔记和写作业不同，前者的要求是能看懂即可，而后者则有更高的要求，在能看懂的基础上还要字迹清晰工整。

当然，熟练的文字书写和不同场合的字体变化，练就这样的功夫也不是一朝一夕的事。所以，这需要同学们在不同的场合重点关注一下即可。此外，为了拥有一手漂亮的字体，建议大家平时多练笔，比如写日记、心得等，多写不但有利于提高驾驭文字的能力，对字体的提高也起到了一定的促进作用。

尤其是在一些重要考试中，写一手漂亮的字迹可以给阅卷老师留下一个好印象，对于一些可扣可不扣分的地方，老师会因为喜欢你的字而放弃扣分，也许就是这几分的差别，能让你考上一所理想的学府；也可能因为有些人字写得太乱，本来正确的地方却因为老师看不清楚，最后被扣分，别小看这微不足道的几分，也许就是这几分的差距和心目中的大学失之交臂了。

提到笔记的字体，也许有同学脑子中就会有这样一个疑问，那我的字本来写得就不好看，无论怎样写都写不工整怎么办？其实，并不止一位同学有这样的困惑，好多人都因为自己的字写得丑而影响到平时的作业和考试。那么，怎么样才能练就一手漂亮的字呢？我们先看一位著名的书法家王献之小时候是怎么练字的：

王献之是王羲之的第七个儿子，自幼聪明好学，在书法上专工草书隶书，也擅画画儿。

他七八岁时始学书法，师承父亲。有一次，王羲之看献之正聚精会神地练习书法，便悄悄走到背后，突然伸手去抽献之手中的毛笔，献之握笔很牢，没被抽掉。父亲很高兴，夸赞道："此儿后当复有大名。"小献之听后心中沾沾自喜。

还有一次，羲之的一位朋友让献之在扇子上写字，献之挥笔便写，突然笔落扇上，把字污染了，小献之灵机一动，一只小牛栩栩如生于扇面上。再加上众人对献之书法绘画赞不绝口，小献之滋长了骄傲情绪。献之的父母看此情景，若有所思……

一天，小献之问母亲郗氏："我只要再写上三年就行了吧？"妈妈摇摇头。"五年总行了吧？"妈妈又摇摇头。献之急了，冲着妈妈说："那您说究竟要多长时间？""你要记住，写完院里这18缸水，你的字才会有筋有骨，有血有肉，才会站得直立得稳。"

献之一回头，原来父亲站在了他的背后。王献之心中不服，什么都没说，一咬牙又练了5年，把一大堆写好的字给父亲看，希望听到几句表扬的话。谁知，王羲之一张张掀过，一个劲地摇头。掀到一个"大"字，父亲现出了较满意的表情，随手在“大”字下填了一个点，然后把字稿全部退还给献之。

小献之心中仍然不服，又将全部习字抱给母亲看，并说：“我又练了5年，并且是完全按照父亲的字样练的。您仔细看看，我和父亲的字还有什么不同？”母亲果然认真地看了3天，最后指着王羲之在“大”字下加的那个点儿，叹了口气说：“吾儿磨尽三缸水，惟有一点似羲之。”

献之听后泄气了，有气无力地说：“难啊！这样下去，啥时候才能有好结果呢？”母亲见他的骄气已经消尽了，就鼓励他说：“孩子，只要功夫深，就没有过不去的河、翻不过的山。你只要像这几年一样坚持不懈地练下去，就一定会达到目的的！”

献之听完后深受感动，又锲而不舍地练下去。功夫不负有心人，献之练字用尽了18大缸水，在书法上突飞猛进。后来，王献之的字也到了力透纸背、炉火纯青的程度，他的字和王羲之的字并列，被人们称为“二王”。

当然，同学们需要明白，我们举这个例子并不是让大家也去拿毛笔练书法，而是想让大家明白，练字是一个持之以恒的过程，而且要抱有一个坚定的信念。凭着王献之“磨尽三缸水，墨染一清池”的坚韧毅力，如果我们能够做到进步不快不泄气，成绩显著不骄傲，马不停蹄，勤练不辍，那么，我们一定也会像他一样成功的。

综上所述，我们在学习过程中难免会进入误区，关键我们要及时地发现问题，解决问题，针对自身的不足，及时地与他人分享自己的心得体会，“择其善者而从之，其不善者而改之”，找到最适合自己的听课和做笔记的方法。

相关链接

照抄他人笔记的行为分析

有些同学会在跟其他同学交流时，由于发现别人的笔记很工整、清晰、详细，而产生偷懒的想法，即自己不做笔记，全指望同学课上好好记，然后自己在课下照抄。

这可能会使自己听课时注意力不那么集中，因为不再跟随老师的步调，思维不受一定的引导，很可能会思想开小差。并且，由于每个人的笔记都不尽相同，是自己对知识进行初加工以后，记下的符合自己已有知识体系的个性化的内容，自己的笔记是记下自己不懂的知识，或是自己认为的重点知识，这是对知识进行分辨识别——是新还是旧、是否明白、是否是重点的过程，同时也是一个对新知识进行简化、深化、系统化的过程，因此，是最适合做笔记者本人的，而不一定能够适合照抄者。

此外，做笔记的过程也是一个对新知识进行初次浅层记忆的过程，这种浅水平的加工有利于对知识的吸收和理解，同时，它也是我们浓缩信息的过程，是对我们思维组织能力的一个锻炼，提高我们捕捉重要信息的能力。

如果是抄别人的笔记，就会失去这种学习机会，并且记下的东西很可能是自己原本已经会的，而课上讲的自己不太懂的知识又没记下来，总之，就是不太适合自己。而如果抄完事后又不看，带来的负面影响会更大。

其次，如果自己不做笔记，而去照抄其他同学的，那么，这位同学可能会有两种心理反应，一是可能会觉得自己辛辛苦苦记下来的东西，是属于自己的劳动成果，不愿别人轻易拿去，但碍于同学之谊，又不好明说，因此可能会结下心结，导致心情不愉快。

相反，另一方面，这位同学会觉得很有成就感，自己的笔记记得这么好，要给其他人看，拿出来很自豪，于是，做笔记时可能会为其他想要抄自己笔记的同学着想，为了他们能看懂、能理解，而仔仔细细、详详尽尽、工工整整地记，由此，不免浪费了很多精力在记笔记上，导致自己课没听好，也可能担心笔记记不好、记不全而产生一定的压力。

因此，上面的这些分析，表明照抄别人的笔记，不如自己亲自做笔记的效果好，既能提高自己的学习效率，也对他人有益处。

第六章 仙人指路——教师、家长如何辅导笔记

在前面的章节中，我们具体讲了学生做笔记所需要了解的知识，相信这些知识会对同学们在以后的学习过程中有一些启示和帮助。对于中小学生来说，大部分的学习是在与老师的互动过程中完成的。如果老师能恰当地辅导学生的笔记，那么，这将大大提高学生所做笔记的效果。

第一节 教师辅导笔记的重要性

一、丰富学生的学习方法

在中小学生的心目中，老师具有一定的权威性，老师所布置的任务，是一定要认真完成的。如果老师能够恰当地把握这种心理作用，有效地辅导学生的笔记，那么，这不仅有利于提高学生的学习兴趣和效率，还将在很大程度上促进良性师生关系的形成。

学习方法是同学们达成学习目标的手段。当然，笔记法是一种很重要的学习方法。除此之外，学习方法还有多种：

第一，模仿学习法。就是按照别人提供的模式、样板来进行模仿，从而形成一定的品格、技能和行为习惯的方法。

第二，比较学习法，就是针对某一个问题，集中有关的学习材料，进行对照学习的一种学习方法。

第三，直接学习法，就是在知识不多时就直接对准创造目标，把那些

可有可无的广博知识撇开，把许多充塞头脑，可能使自己偏离主要目标的知识撇开，直接抓住事物的本质，直接对准所要研究的问题，根据创造需要补充知识，不搞烦琐的知识准备。

第四，跟踪学习法。俗话说："顺藤摸瓜"，"逆流溯源"。猎人在追捕猎物时，从脚印、粪便、气味等线索可以准确地找到猎物。在学习中，特别是在专题学习和研究中，跟踪学习法是与之相类似的一种方法。例如，当看一篇文章或一本书的时候，特别是同学们在阅读名著的时候，从参考文献和注释中可以找到许多有关的学习资料。

第五，拆卸学习法。"拆卸"只是一个比喻，比如，科学家要研制一种新的机器，就必须对原有的机器，包括类似的各种机器进行了解，了解它每一个部件的性能、制作方法和它们之间的相互联系、相互作用。只有把它拆卸开来，才能探究出他们的优点在哪里，缺点在何处，进而创新。还有一种方法容易被广大同学忽视，即笔记法。

俄国教育家苏霍姆林斯基认为，儿童的智慧在他们的手指尖上。为了指导儿童学好功课，他主张让儿童掌握学习的工具，这工具上有"五把刀"——读、写、算、观察和表达。他认为，儿童掌握了学习的工具，就是学会了学习，就不会出现学习落后。多种感官并用，有利于发挥认识功能的综合效应，对理解和记忆新知识有巨大意义。有位名人曾说过："读书要做到五到，即眼到、口到、手到、耳到、脑到。"讲的也是这个道理。

笔记法就是这样能动用眼、口、手、耳、脑的学习方法，是同学们在学习过程中不可缺少的。它可以提高听课效率，增加自学、理解能力，并且学会做笔记，也有助于养成良好的学习习惯。良好的习惯是成功的一把金钥匙。有一句谚语说得好，"播种行为，就收获习惯；播种习惯，就收获性格；播种性格，就收获命运"。

笔记法丰富了中学生的学习方法，是中学生学业成功的钥匙。古今中外的学习理论和实践证明，中学生可以借助做笔记，包括摘抄、评注、加标题等技术，来控制自己的注意力和信息加工过程，从而有助于发现新知识的内在联系和建立新旧知识之间的联系。

二、开发学生的学习能力

有的同学会问，做笔记和提升我们的学习能力有什么关系呢？通过对比学习成绩好的和学习成绩一般的学生就可以发现，通过笔记就可以看出不同学生的思维品质的好坏。

有的同学听课时不管老师讲什么，都想把它记下来，结果密密麻麻的一大片，主次不分，记了等于没记。有的同学只顾竖着耳朵听，忘了动手记，听完一节课后，打开课本复习，哪是重点，哪是难点，抓不住要领。

而有的学生就能在听的同时，处理好听课和做笔记的关系。他们知道什么是我该记下来的，以便日后掌握。他们懂得筛选重要知识点、难点的过程，也是理解和掌握知识的过程，因为懂得如何选择就是一种成熟。做了有重点的、有难点的、有质量的笔记后，为日后的复习奠定了良好的基础。有了这个基础后，再上课就会再接收知识点，从而形成了良性循环。学习能力得到进一步的提升。

在学习过程中，通过做笔记，可以对所学知识有一个很好的回顾。然后对照预习笔记、听课笔记、作业、试卷等补充归纳遗忘的知识点，使所学的知识达到系统、完整和高度概括的水平。

在做笔记的过程中，同学们一定要做到定期按知识本身的体系加以归类，整理出总结性的学习笔记，以求知识系统化。把这些思考的成果及时保存下来，以后再复习时，就能迅速地回到自己曾经达到的高度了。

同时，做笔记的过程也是运用各种知识综合运用的过程。在做笔记的过程中，同学们的能力得到锻炼。因为它体现了做笔记者灵敏的思维能力、快捷的反应能力、各种技巧的灵活运用能力、练达确切的表达能力和总结归纳的逻辑推理能力。

总之，做笔记的同学才思敏捷、灵活严谨，才能具有较强的语言驾驭能力和逻辑思辨等综合能力。同学们只有耳聪目明、脑快手快才能有一份优秀的笔记。

三、陶冶学生的人格素质

人格是指人的心理特征的总和，包括性格、气质、兴趣、能力、韧性等。人格具有整体性、稳定性、独特性和社会性的基本特征。如果教师能够恰当地指导学生做好笔记，那么将有利于陶冶学生的人格素质、激发学习兴趣、端正学习态度、明确学习动机和养成良好的学习习惯。

（一）激发学习兴趣

同学们会问，做笔记怎么会能激发学习兴趣呢？兴趣是最好的老师，匈牙利语言学家卡莫·洛姆布曾用一个简单的公式表示语言学习的成就：付出时间+兴趣=结果。要培养学习热情，保持学习兴趣唯一的方法就是使学习的过程变得令人愉快。

要使学习过程变得愉快，中学生们就要积极地参加课堂活动，并且要做好笔记。在课堂上要争取机会回答老师提出的问题。既要能开展领悟、理解、联想、归纳、自我设问、回忆等心理活动，又要紧跟老师上课的节奏。

要保持对一门学科的兴趣，老师的课堂教学很重要，可是同学生们在课下的努力同样重要。只有在课堂上积极跟着老师的思路，做好有条有理的笔记，在课后认真复习的同学才能在下一节的听课中占据主动的位置。

比如，在物理的学习中，同学们会发现所学的知识是一环紧扣一环的，如果第一环你没有很好地掌握，下一环的学习对你来说无疑是一种折磨，更不要说是有兴趣了。

就像孔子所说的“温故而知新”。在复习笔记后，你可以对今天所学的知识有一个很好的掌握，下一个环节的学习就能游刃有余，就会对下一个环节的学习有所期待，从而学习就能形成良性循环。

（二）端正学习态度

做笔记可以端正同学们的学习态度。学习态度对学习行为的调节，首先表现在学习对象的选择上。对此，心理学家曾进行了如下的实验研究：他们以两组美国南部的白人大学生为被试者，第一组平时所表现的态度是反对种族歧视，反对黑白人分校。第二组为种族歧视者，主张黑白人分校。

实验过程是，让被试者个别朗读十一篇反对黑白人分校为主题的文章。然后请被试者将所读过文章的内容尽力完整地写出来。结果发现，第一组学生，即学习材料与自己的态度一致者，成绩明显优于第二组。换言之，与已存态度相吻合的材料，容易被吸收、同化、记忆，而与个体的信念、价值观违背的材料则容易被阻止或歪曲。由此可见，态度具有某种过滤的作用。

学习态度调节学习行为，还表现在学生对学习环境的反应上。当学生在学习态度与教学环境上保持一致时，就积极努力地学习。但如果由于某些原因对学习环境（如教师、学校等）产生不良态度时，则会回避学习环境并产生不利于学习的不良行为，如逃学、反抗等。可见学习态度的重要性。

笔记在一定程度上可以明确地反映出中学生学习态度的问题。如一个中学生的课堂笔记有条有理，有重点有难点，有自己的个人学习心得等这些特点，这名同学的学习态度一定是很好的。

当然，也会有例外，有的同学笔记做得很好，但是他就是把这样的好笔记上的知识又“还给”老师，因为他回家不看这样的好笔记，而只是为了“记”而“记”。如果能利用好这一自己创造的“资源”——笔记，那么在课后复习的时候，就会事半功倍。

特别是在关键复习时（如高考复习）的笔记，应在复习的早期就对过去所做的冗长笔记进行整理，把自己由薄到厚的积累起来的笔记资料，再由厚到薄进行提纯、精化、网络化的重新整理，做出一些比较简短的复习笔记。在这个过程中，学习态度自然而然就会得到改善，学习态度好了，做笔记的效率就会大大地提高。

（三）明确学习动机

在做笔记的过程中，同学们还可以明确学习动机。同学们可能都知道，学习动机直接推动学生学习活动的开展，并且学习动机是大家学习的一种内在动力，正确的学习动机是积极学习的源泉。

学习动机直接影响着同学们课堂笔记的效果，而做笔记的过程又会使同学们明确自己的学习动机。同学们在学校中所学的许多内容都是需要记忆的各种事实性知识。这些知识为许多复杂概念的形成提供了框架，学生必须尽可能高效率、高质量地掌握这些知识，进而节省更多的时间和精力，以用于更有意义的学习活动。

当学习比较复杂的内容时，做笔记能够产生较大的积极作用。这就要求做笔记时要进行心理加工，而不是只是简单地记下所看到或听到的内容，这样做笔记会更有效。学习动机不是为了应付老师的检查，而是培养高效率地掌握大量知识，还有解决问题的能力。

有的学者对比思考型学生和普通学生时，他们发现思考型学生在听课时，大脑已经进行了多次的心理加工，他们上课时的思维过程的顺序是：认真听——边听边分析——自己分析（深入加工），他们会记下他们经过思考后的结果，而不是老师说了什么他们就记什么。

思考型学生接受新知识的速度很快，他们能在课堂上听懂新知识的基础上，将新知识与原先学过的相关知识联系。与思考型学生相比，普通同学心理加工会逊色很多，他们听课时仅是一知半解，奋力记笔记的同时，大脑却没有对知识进行加工，往往是自己都不知道到底写了什么内容。

（四）养成良好的学习习惯

做笔记对良好学习习惯的养成也是非常有助益的。叶圣陶在《习惯成自然》一文中写道：“要有观察的能力，必须真正用心去观察；要有劳动的能力，必须真正动手去劳动；要有读书的能力，必须真正把书本打开，认认真真地读。”

在叶老看来，人要是各种习惯都养成了，那教育目的就达到了。做笔记能使同学们养成多种感官并用的习惯。在课堂上，除了集中精力认真听讲外，还要跟住老师的思路，边思考边动笔记下来重要的知识点，以便回家后整理。做笔记的过程是一个多种感官并用的活动。只有有了良好的学习习惯，才能收获成功。

四、加强师生的双向交流

教师对学生的笔记进行恰当的辅导，有利于加强师生的双向交流。

首先，教师可以通过笔记为学生设定目标，而同学们可以通过笔记清楚地知道教师为其设定的目标，从而达到双向交流的目的。

目标是推动学生做笔记的动力，学生记笔记是受目标推动的，这种目标一方面来自于教师在讲课过程中所表达出来的对同学们的要求，以及通过教学所要达到的目的；另一方面，来自于同学们对笔记的重要性的认识以及对课后复习的预期，也就是说，笔记可以反映出同学们对课堂上教师要求的理解情况。教师通过笔记知道同学们的理解情况后再采取一定的措施。

其次，同学们的笔记的内容结构可以给教师传达出重要的信息。在课堂上，学生需要记下的是一些重要的信息，包括教师丰富而生动的讲授内容，教师强调的材料，板书所呈现的信息，教材中所强调的概念、法则及要点等，学生没有完全理解的内容在笔记上都做了不同的处理，而有些材料，如一些具体的情节、普通的知识则被忽略了。教师可以通过检查同学们的笔记，知道同学们关注的焦点，并给出适当的建议，使同学们了解如何改善能使笔记更有意义，这样笔记就成了师生交流的有效手段。

最后，教师指导学生如何整理和使用笔记也是很重要的。对于课后作业和考试来说，使用笔记似乎更重要。一般来讲，笔记比起教材内容更容易理解，尤其是对于一些较难的课程内容来说，笔记能给予同学们很大的支持，能有效地促进同学们课后作业的完成和考试取得较好成绩。

但是，如果同学们只重视做笔记，往往会忽视或不会对笔记进行进一步的加工和修改，这实际影响了笔记的效用。笔记一定是在使用中才能发挥作用的，同学们不妨看看周围学习成绩好的同学的笔记，一定是很旧的，那是因为他们不知把笔记翻了多少遍。所以，教师通过“参观”同学们的笔记可以达到同学们合理有效使用笔记的目标。

总之，教师是同学们课堂笔记的重要来源，教师可能变化的讲解决定着学生记笔记的效果。同学们可以通过变化的笔记内容掌握教师的真实意图，同样教师也可以通过笔记知道自己的授课内容是否被理解。

第二节　教师对学生的笔记诊断

一、笔记诊断的互动性

笔记诊断是以学生所做的笔记来反映个体的思维状态，以此来对个体的行为或偏移做出矫正的过程。笔记诊断按实施主体来分，可分为教师对同学们笔记的诊断和同学们对自己笔记的诊断。

每个学生都有自己独特的内心世界、精神世界和内在感受，有着不同于他人的观察、思考和解决问题的方式，也就是独立个性，所以学习方式也是个性化的。因此，课堂笔记何时记、记什么、怎么记，也都体现了学生独特的思维世界。但是，正是由于不同学生学习方式的独特性和差异性，他们在做笔记方面可能会有某些误区和不足。

所以，在尊重学生个性的同时，教师的指导和调控也是必不可少的。同时，教师应当把握好“度”的问题，过度调控会妨碍学生的自主性、独立性和主动性。在此基础上，逐渐总结出一套适合学生学习发展的笔记方式是非常重要的。因此，教师对学生笔记诊断就显得尤其重要。下面我们简要介绍一下教师对学生笔记进行诊断的方法。

（一）看学生的笔记是否有效果，看笔记的联结建构

联结是指在学习内容不同部分之间、部分与整体之间、学习材料的概念之间、新信息与先前知识或预先假定的内容之间是否建立了联系。只有把每章、每节的学习内容联系起来了，把学的知识放在了一张“网”上，解题时才能游刃有余。

而在文科的学习中，要注意每个事实的前因后果，如在名篇《河塘月色》中，大家都会被朱自清优美的文笔所折服。可是，在做语文笔记的时候，同学们很容易被散文的“形散”弄得糊涂，抓不到主旨，这时，就需要老师能够预测到学生在做笔记时可能存在的困难或误区，及时地加以点拨和指导。

这样我们就可以用联结建构来使笔记更有条理性，首先，要明确了解文章的写作背景，作者为什么创作这篇文章？是什么事激发了他的灵感？然后是，他想通过这篇文章表达什么样的思想感情？最后，这篇文章给你的启示是什么，也就是你能否理解作者的思想感情。如果有的同学有一定的体验之后，就很容易与作者产生共鸣。

（二）综合分析

综合分析是指教师对同学们笔记的诊断不是仅仅采用一种策略，而是综合运用许多种策略。分析是指将整体分解成为各个部分，进行一步步不同方向的问题整理后，把这些问题划分为实践的或理论的不同方面。教师在指导学生对知识点进行认真的分析之后，还要指导他们能够把各种知识和它们的关系进行综合、融会贯通。

具体来讲，就是把同学们的笔记“肢解”成不同的部分，这个肢解需要有一个标准和范围。以物理的笔记为例，同学们可以把笔记按专题来“肢解”，在学习完力学之后，你就可以把力学这一块分为静力学和动力

学。静力学涉及哪些知识点，这些知识点涉及的问题又有哪些。动力学与之前所学的运动学联系起来，又有哪些知识点和联系。教师可以把这种思路告诉同学们，让学生按照这种方法进行有效的学习。此外，对于文科的学习，这种方法也是很实用的。

（三）让学生自己进行复述，来诊断他们对笔记内容的掌握情况

复述是指对学习材料的维持性的言语重复或在选择基础上的保留重复。教师可以告诉同学们复述的重要性，指导他们能够做到“节节清、日日清、周周清、月月清”，加深对笔记内容的理解和掌握。

不知道同学们有没有这样的经历，当你在公交车上或是在打扫教室不经意的瞬间会回想起上课时老师所讲到的有趣的例子。如果你再进一步想这个好玩的现象为什么会发生呢？又能回忆出很多的内容，一段时间过后你会发现你所回忆出来的东西能“贮存”在你的记忆中好久。

有的教育家认为：“回忆出来的知识才是自己的。”言外之意是说，如果不能回忆出来的话，那么所学的知识从你的左耳进，然后就又由右耳出去了。这不是一件很可惜的事吗？回忆课堂上教师所讲的内容，再对照自己的笔记和课本，看上课所做的笔记有什么不对的地方。因为有时候你所做的笔记常因为时间太急而出现错误。

（四）通过笔记的条理性，来发现学生的逻辑思维能力

教师可以通过把不同同学的笔记进行比较，让同学们自己发现，也许其他同学的笔记更有条理性：如，第一条，第二条……让同学们之间取长补短，相互借鉴学习，从而锻炼自己思维的条理性。

有的学科能做到条分缕析、有条有理，可是有些学科像语文就有点困难了，可是如果同学们有创造精神，同样可以做到有条有理。但是，一开始“创造”的灵感可以来自于对别人的一种模仿。久而久之，同学们就可以弥补自己思维过程的不足，通过笔记矫正行为。

（五）从笔记的再加工程度，来判断学生对笔记内容的理解情况

在指导学生笔记的过程中，教师要强调学生自身对知识点的再加工，加强学生的主体体验。就是说，诊断学生的笔记，可以从学生在笔记中有没有反映出其体验，有没有写出自己的心得感悟，有没有对知识点进行自我的加工整理等方面入手。学生在做笔记的过程中，应该将通过尝试、应用而获得的关于具体知识点的情感、价值、态度等方面的心得感悟记下来，它是沟通学生与知识之间的中介桥梁，是主观能动性的体现。

教师讲得再好，没有学生的主体体验也难以内化到学生的认知结构中。例如，在笔记的留白处写上自己的灵光闪现的感受。这种感觉往往是学生价值观和人生观的体现，教师完全可以根据学生笔记上的批注，了解学生最近精神世界的动向，如有异常可以随时纠正。

（六）从学生的笔记中的条件化知识、陈述性知识和程序性知识的比例来看学生掌握知识的程度，从而为学生提出合理的建议

所谓条件化知识，是指策略使用的条件与范围。策略的使用不是万能的，总是有一定的前提条件的。

例如，在“整十、整百凑整简算策略”中，其条件化知识是：只要接近整十的数运用“整十凑整策略”；接近整百的数，运用“整百凑整策略”。否则，同学们可能就会出现不分青红皂白地乱凑，而达不到简算的目的。

又例如，在学习物理的动量定理时，对于此定理在题中的运用就要考虑前提条件，即外力不存在或外力无限小的时候才可以用此定理。如果不符合这个条件就贸然运用的话就会得出错误的结果。同学们掌握了条件化的知识，才能在众多的公理、定理和定律中迅速、正确地选择合适的策略。

陈述性知识是关于事物及其关系的知识，或者说是关于“是什么”的

知识，包括对事实、规则、事件等信息的表达。程序性知识是关于完成某项任务的行为或操作步骤的知识，或者说是关于“如何做”的知识。它包括一切为了进行信息转换活动而采取的具体操作程序。

陈述性知识和程序性知识是学习过程不可分割的两个方面。任何知识的学习都要经过陈述性阶段才能进入程序性阶段。程序性知识的获得过程就是陈述性知识向技能的转化过程。

我们平时所做的练习与反馈是陈述性知识转化为程序性知识的重要条件。程序性知识的运用有助于陈述性知识的学习。在我们人类的绝大多数活动中，这两类知识是共同参与、互为条件的。所以，在诊断时要注意三者之间的比例。

二、笔记诊断应有多维指标

无论是同学们对自己笔记的诊断，还是教师对学生笔记的诊断，都应该从以下三个维度来考虑：

（一）态度维度

有一句话说得好：态度决定一切。从心理学的角度来说，学习态度是一种学习方面的内部状态，是学习行为选择的决定因素。学习态度并不是天生的，而是通过学习实践逐步积累形成的，并通过学习者个体与所处环境的互相作用而不断变化着的。因此，笔记诊断就可以根据“学习态度”来反映学生的学习行为。

例如，有人从学生的笔记工整程度来判定该生的对此门学科的态度。可是，也有例外情况，有的同学虽然课堂笔记做得工整，可是在课后对笔记的利用率是很低的，也就是说，他们只把记笔记当成一种任务，是教师让做笔记的；或者是别的同学做，那么我也做吧，这是一种从众心理。以上两种情况都是没有真正理解笔记的效用的，他们只把记笔记当成一种外在的压力，而不是内在的动力——我要做。

（二）方法维度

当然，同学们也可以用这种“指标”来诊断自己的学习情况。做笔记不只是记一些零碎的知识点，或者一些事实性的东西。会学习的人不一定会做笔记，而会做笔记、会用笔记的同学一定会学习。因为笔记可以反映出一个人的学习方法，可以从笔记中诊断出自己的学习方法有哪些是不利于自己发展的。

例如，如果一个同学会把教师说的每一个细节都记下来，那么他一定没有经过自己的思考，他所记的东西还是老师的，而不是他自己的。他会在几天后把笔记上的内容原封不动地“还给”老师。

当然，如果在课后，同学们能利用好这样的笔记也会有益处的。用笔记加上课本来及时复习也是可以的。不过，课后看笔记的时候不能机械地看，而要思考，只有不断地思考才能把知识转化为自己的智慧。所以，做笔记的方法是诊断笔记的一个重要指标。

（三）内容维度

良好的课堂笔记应该“一听三记一整理”。一听，就是课堂上一定要集中精力，认认真真地听讲。首先，只有把课听清楚明白，才能知道哪些该详记，哪些该简记或不记，而不能什么都记。什么都要记的结果是顾此失彼，而且笔记只会是一本“糊涂的流水账”，笔记也就失去了应有的价值和意义。因此，专心听讲是做好笔记的基础和前提。

所谓“三记”是指，一要记重点。教师讲课不可能没有重点。凡是重要的内容或关键的问题，教师都要反复讲解或强调，有时直接写在黑板上，还要进行例证。对于文科的学习，教师则会把重要的事件或成语、生词都写在黑板上。这些内容是学生必须掌握的，应该着重记录，以便课后复习巩固。

二记难点。凡是个人预习时不理解的，就不该放过，先在课本上做标记。对于预习中的难点，在认真听教师讲解的同时，应该把要点都记下来，但是要保证记的时候要跟住教师的思路，不能为了做笔记而跟不上教师的思路，这样的话就得不偿失了。

三要记疑点。课堂上同学们常常碰到一时听不明白或有疑问的地方，这是常事。这时千万不要中断听课而去思考疑点。这样耽误课堂时间，结果当你把疑点刚考虑明白或者还没等你考虑明白，教师已把下面的新课讲完了，你还要重新补习，造成了学习上的被动。这时最佳的方法就是把疑点记下来，记在你的笔记上的留白处。

最后是整理，即由于课堂笔记字迹潦草，有的地方记录得不十分准确。这就要课后对课堂笔记边复习、边对照课本或其他同学的笔记进行校正或补充。同学们记住，千万不要把同学的笔记拿过来就“抄”。

三、笔记诊断必须师生互动

笔记诊断必须师生互动起来。只有互动起来才能真正地达到最佳效果。在笔记诊断过程中，已没有了教者与受教育者的区别，师生之间的互动是双向活动。教师应该尊重学生在笔记中所体现的逻辑思维习惯，同时也要通过启发、引导、讲解、示范、督促、评价等方法使学生知道“应该记什么”和“怎么记”。同学们也要配合老师。

师生互动就是师生之间一切相互作用和相互影响。首先，师生互动是师生关系的动态的反映。师生互动就是教学过程中师生之间相互影响的一种不断变化的状态。在诊断过程中，教师给同学建议，反过来，有的同学笔记做得很棒，对教师也是一种影响。教师会想：“啊！原来笔记还可以这样做呀！”

其次，师生互动也是一种合作学习过程。从教学目标来说，师生互动的目的在于促使同学通过互动来建构自己的知识体系。从教学过程来说，在师生互动中，同学与学习伙伴构成了学习共同体。也就是说，在这种学习共同体中，同学之间、师生之间共同探讨笔记要记什么、如何做笔记、什么样的笔记才是好的，通过观点的交锋和思想的碰撞，最终达成共识。

通过这种人际互动，教师与同学的思想与智慧得到激发与共享。

第三节　教师指导笔记的方法

通过前面的介绍，相信很多人都已经了解了教师对学生的笔记进行有效指导的重要性和必要性。那么，教师指导学生的笔记时，可以从哪些方面入手呢？这就是我们下面所要讨论的内容。

一、5R 笔记法

5R 笔记法，又叫做康奈尔笔记法，是用产生这种笔记法的大学校名命名的。这一方法几乎适用于一切讲授或阅读课，特别是对于听课笔记，5R 笔记法应是最佳首选。这种方法是记与学，思考与运用相结合的有效方法。

具体包括以下几个步骤：

（1）记录（Record）。在听讲或阅读过程中，在主栏（将笔记本的一页分为左大右小两部分，左侧为主栏，右侧为副栏）内尽量多记有意义的论据、概念等讲课内容。

（2）简化（Reduce）。下课以后，尽可能及早将这些论据、概念简明扼要地概括（简化）在回忆栏，即副栏。

（3）背诵（Recite）。把主栏遮住，只用回忆栏中的摘记提示，尽量完满地叙述课堂上讲过的内容。

（4）思考（Reflect）。将自己的听课随感、意见、经验体会之类的内容，与讲课内容区分开，写在卡片或笔记本的某一单独部分，加上标题和索引，编制成提纲、摘要，分成类目，并随时归档。

（5）复习（Review）。每周花十分钟左右时间，快速复习笔记，主要是先看回忆栏，适当看主栏。这种做笔记的方法初用时，可以以一科为例进行训练。在这一科不断熟练的基础上，然后再用于其他科目。

二、符号记录法

教师在指导学生笔记时，也可以推荐符号记录法。符号记录法，就是在课本、参考书原文，或笔记本的旁边加上各种符号，如直线、双线、黑点、圆圈、曲线、箭头、红线、蓝线、三角、方框、着重号、惊叹号、问号等等，便于找出重点，加深印象或提出质疑。什么符号代表什么意思，每个人可以自己掌握，但最好形成一套比较稳定的符号系统。这种方法比较适合于自学笔记和预习笔记。

在指导时，应提醒学生注意以下准则：

（1）读完后再做记号。在还没有把整个段落或有标题的部分读完并停下来思考之前，不要在课本上做记号。在阅读的时候，要分清作者是在讲一个新的概念，还是只是用不同的词语说明同样的概念。只有等读完这一段落或部分以后，才能回过头来看出那些重复的内容。这样做可使学生不至于抓住那些一眼看上去仿佛很重要的东西。

（2）要善于选择。建议学生不要一下子在很多项目下划线或草草写上许多项目，这样会使记忆负担过重，并迫使学习者同一时刻从几个方面来思考问题，也加重了学习者的思维负担。

（3）用自己的话。页边空白处简短的笔记应该用学生自己的话来写，这是因为学习者的话代表自己的思想，以后这些话会成为这一页所述概念的一些有利提示。

（4）简洁。在一些虽简短但是有意义的短语下划线，而不要在完整的句子下面画线，页边空白处的笔记要简明扼要。它们会在学生的记忆里留下更为深刻的印象。在学生背诵和复习的时候用起来更可得心应手。

（5）迅速。我们不可能一整天的时间都用来做记号。所以学生先要阅读，再回过头来大略地复习一遍，并迅速做下记号，然后学习这一章的下一部分内容。

（6）整齐。建议学生做的符号要尽量整齐而不要胡写乱画，否则会影响以后的复习和应用。当学生以后复习的时候，整齐的记号会鼓励学生不断地学习并可以节省时间，因为整齐的记号便于学生迅速回忆起当初学习时的情景，从而容易而清楚地领悟书中的思想。

三、笔记整理法

由于种种原因，我们在课堂上做的笔记往往比较杂乱，课后复习不太好用。为了巩固学习成果，积累复习资料，我们需要对笔记进一步整理，使之成为比较系统、条理的参考资料。关于课堂笔记的加工整理的方法，我们在第四章已经讲过，主要包括忆、补、改、编、分、舍、记。

这些方法都是比较不错的做辅导笔记的方法，当然，也还会有很多其他的方法，比如，在班级内举行笔记展览或比赛，请笔记做得很好的同学介绍自己的心得体会等，但是，至于选择哪种方法，要看同学们的具体情况和需求，看老师的偏好，看师生互动情况等。相信通过对这些方法的学习，同学们的笔记效果、课堂学习效率、学习兴趣、师生关系等，都会有大大的改善和提高。

第四节　家长辅导笔记的方法

随着知识经济社会的到来，家长越来越重视孩子的教育，“不能让孩子输在起跑线上”的思想被更多的家庭所接受，很多家长不遗余力地让孩子上各种课程辅导班，为孩子买各种参考书、辅导书，但效果不一定令人满意。不知他们想过没有，如果能够有效地帮助孩子做好课堂笔记，提高课堂效率，那么，这将在很大程度上提高学生的学习效果和学习兴趣。

家长该如何对中小学生进行笔记辅导呢？应该从哪些方面入手呢？下面我们具体来看一下：

一、创造良好的家庭学习氛围，培养孩子的学习兴趣

我们都知道，家庭环境对孩子的学习有着非常重要的影响。轻松、民主的家庭氛围对孩子的身心成长有着积极的作用，有利于孩子形成良好的个性品质，从而促进学习的主动性和兴趣。

家长要想培养孩子养成良好的笔记习惯，首先要培养孩子有良好的学习习惯，帮助孩子培养学习兴趣，理解学习的重要性和趣味性，理解笔记与学习的关系，认识到养成良好笔记习惯的重要性。

孩子在家里阅读时，家长应抽出一定的时间来与孩子共同阅读、共同学习，与孩子交流想法，鼓励孩子把所思所想记录下来，形成阅读笔记。

此外，家长也可以邀请孩子的同学、朋友来家里玩耍、学习，与孩子交流学习中的各种收获和体会，引导他们取长补短，同时，也可以养成孩子分享收获的喜悦的习惯。

二、指导孩子做好笔记的准备工作

前面已经讲到，家长要帮助学生认识到笔记的必要性和重要性，家长可以通过介绍自己或他人以往成功的学习经验，或跟孩子讨论等方式，让孩子认识到，养成良好的笔记习惯，对于提高自己的学习效果是非常重要的。

除了思想准备以外，家长还应该为孩子提供笔记的材料准备，比如，提醒孩子上学时带好笔记本、钢笔、彩笔等，避免因为材料的不足而影响笔记效果。

三、检查笔记

当孩子放学回家后，家长可以检查孩子的笔记，看一下孩子是否认真

做了笔记，是否规范、有条理。对于表现不错的孩子，家长可以适当地加以表扬，鼓励其保持这个良好的习惯；对于笔记不太理想的孩子，可以认真与孩子讨论，查找原因所在，鼓励其认真改正，避免下次出现同样问题。

当然，家长辅导学生的笔记还可以从其他方面入手，家长可以根据自己孩子独特的学习方式和特点，找出适合的辅导方式。但是，家长需要记住的一点就是，家长只是外因，要想孩子养成良好的笔记习惯，孩子自身的积极性和主动性是最重要的。

后 记

亲爱的同学，这是一本特地为你的学习和成长而奉献的书，是来自上海师范大学教育学院的部分从事心理学和教育学研究的学者们精心撰写的书。这些学者是：樊琪、刘瑞华、姚璐璐、乔莹莹、马俪娜、乔英楠和孙建平。樊琪在前期科研的基础上构思了全书的框架，撰写了序言与后记，并负责最后统稿；刘瑞华负责全书协作的联络工作，并撰写第一章“浅说笔记策略”，从学习策略高度深入浅出地诠释了笔记、笔记方法、笔记方法与学习策略的关系等重要概念和理论；姚璐璐和刘瑞华负责撰写第二章“我的笔记我做主”，比较详细地阐述了课堂笔记、阅读笔记和讨论笔记的具体操作方法和注意要点；乔莹莹负责撰写第三章“笔路狂奔——速记”，形象生动地讲解了速记方法及其要领；马俪娜负责撰写第四章“笔记补丁大全——笔记的整理、保存和使用”，提示我们如何开发和利用笔记资源；乔英楠负责撰写第五章“警惕笔记误区”，提醒我们鉴别和防范三大类常见笔记问题；孙建平负责撰写第六章“仙人指路——教师、家长如何辅导笔记”，为中小学教师对学生的笔记辅导出谋划策。

这本书不仅凝聚了作者们的心血，而且借鉴和引用了许多专家学者的研究成果，并且因为中国人民解放军装甲工程学院王利群教授的牵线搭桥而促成此书的写作，还因为出版公司的编辑老师们的辛勤劳动而促成此书的面世，在此一并致谢！

最后，亲爱的同学，也感谢你对本书的关注，当你掩卷而思的时候，当你从书中有所获益的时候，也是我们最感到欣慰的时候。

真诚地，祝你学习进步！

编者

2009 年夏 于学思湖畔

主要参考文献

[1] 范立荣 . 汉字速记 [M] . 北京：电子工业出版社，1991

[2] 范立荣 . 速记（教师用书）[M] . 北京：中国人民大学出版社，2002

[3] 史江 . 实用汉字速记 [M] . 成都：四川大学出版社，2000

[4] 吴增强 . 学习心理辅导 [M] . 上海：上海教育出版社，2000

[5] 叶奕乾，何存道，梁宁建 . 普通心理学 [M] . 上海：华东师范大学出版社，2000

[6] 李伯黍，燕国材 . 教育心理学（第二版）[M] . 上海：华东师范大学出版社，2001

[7] 唐亚伟 . 汉字简明速记 [M] . 北京：金盾出版社，2003

[8] 范立荣 . 速记、速读、速写 [M] . 北京：高等教育出版社，2003

[9] 吴庆麟 . 教育心理学——献给教师的书 [M] . 上海：华东师范大学出版社，2003

[10] 刘电芝，黄希庭 . 学习策略研究概述 [J] . 教育研究，2002（2）

[11] 贾香芸 . 初中英语笔记策略的指导 [J] . 中小学英语教学与研究，2005（8）

[12] 魏守华 . 做读书笔记九法 [J] . 点金指，2005（12）

[13] 杨绛 . 钱钟书是怎样做读书笔记的 [J] . 新阅读，2005（26）

[14] 孙娟 . 读书笔记：以读促写的三种类型 [J] . 写作指导，2006（22）

[15] 吴海鹰. 初高中衔接阶段笔记策略的指导 [J]. 中小学英语教学与研究，2007 (9)

[16] 朱蕾，樊琪. 中学生笔记策略及其干预研究 [J]. 心理科学，2007，30 (6)

[17] 时新. 大学生读书笔记的写作 [J]. 广播电视大学学报 (哲学社会科学版)，2008 (1)

[18] 樊琪. 中美学习策略辅导的比较 [J]. 外国中小学教育，2008 (11)